面向用户的设计

移动应用产品设计之道

何天平 白珩 编著

人民邮电出版社
北京

图书在版编目（CIP）数据

面向用户的设计 ：移动应用产品设计之道 / 何天平，白珩编著. -- 北京 : 人民邮电出版社，2017.8
ISBN 978-7-115-45341-9

Ⅰ. ①面… Ⅱ. ①何… ②白… Ⅲ. ①移动终端—应用程序—程序设计 Ⅳ. ①TN929.53

中国版本图书馆CIP数据核字(2017)第094501号

内 容 提 要

随着智能手机、平板电脑的快速普及，越来越多的企业意识到建立自己的App应用和移动网站的重要性，也有越来越多的设计师开始转战移动平台，这就关系到移动应用的产品设计。产品设计其实是一个由抽象的概念到具体形象化的处理过程。本书通过需求、产品、界面、图标、动效、情感这6大块内容，全方面解析移动应用的产品设计。

本书分为6章，第1章分析了用户的需求，从展开需求评估到信息的架构组织来进行阐述，也就是真正意义上的发现需求；第2章剖析了产品设计，包含草图的绘制、原型的设计及交互设计，这几大方面都是为了用户体验而生；第3章剖析了产品的界面设计，包括UI设计的原则、界面模式及UI设计的基本规范；第4章讲解了图标设计的原则和图标的案例示范；第5章讲解了动效设计的重要性及如何实现动画效果；第6章介绍产品的情感化设计，包括情感化设计的意义和它在UI设计中的运用。

本书适合产品经理、交互设计师、用户体验设计师、平面设计师，以及准备转入产品设计行业的人士学习使用，同时，也适合产品设计相关专业的学生或者设计爱好者阅读。

◆ 编　　著　何天平　白　珩
责任编辑　张丹阳
责任印制　陈　犇

◆ 人民邮电出版社出版发行　　北京市丰台区成寿寺路11号
邮编　100164　　电子邮件　315@ptpress.com.cn
网址　http://www.ptpress.com.cn

◆ 开本：700×1000　1/16
印张：13.5
字数：272千字　　2017年8月第1版
印数：1–3 000册　　2017年8月北京第1次印刷

定价：59.00元

读者服务热线：(010)81055410　印装质量热线：(010)81055316
反盗版热线：(010)81055315
广告经营许可证：京东工商广登字20170147号

序一

PREFACE ONE

■ 设计的语言

我是影视特效专业出身，从学习到工作，在设计方面也有十年左右的经历了，当然，这算不上是很深的资历。从一开始的设计岗位，到咨询公司里的设计服务，再到现在的创业，我一直秉持“为用户而设计”的理念。我越来越多地感觉到自己并不是在学习和磨炼一种技能，而是在学习一种语言，一种用于移动设备这个媒介的语言。

本书的两位作者是我大学时的师弟，大学时我们都曾上过一门非常重要的课程叫视听语言，简单来说就是通过对视觉画面和听觉声音的合理安排，来传达内容和情绪，其中包括了各种镜头调度的方法和各种音乐运用的技巧。

有人说“电影是一种画面语言，它有自己的单词、名型、修辞、语型变化、省略、规律和语法”，这就是视听语言，它是屏幕视频的基础语言。移动设备蓬勃发展，已经成为我们生活中不可或缺的一部分，我们每天与其交流如此之多，又是用了什么样的语言呢?

■ 移动设计语言的学习

语言的掌握可以让我们进行更好、更快的沟通。设计上有一个“最小化可行产品（MVP）”的理念，想要做到这一点，最好的办法就是学习基础语言。和我们平常使用的语言一样，移动设计语言最初也是由字母和单词组成的，学习这些基础知识对于设计非常重要。

我们总是习惯于用已经掌握的语言来学习一门新的语言。就像最早学习英语单词的时候，大部分人都会经历用汉字来为单词注音这个阶段：爱剖（apple），布拿那（banana），奥润之（orange）……

在面向移动设备的设计中，拟物设计的出现和这个现象类似。用熟悉物品交互方式的模拟来增进用户对这个新设备的友好度，那时候的应用都在做类似这样的设计，早期的iOS的系统设计也不能免俗。

■ 移动设计语言学习的套路：多说多练

艺术工作者几乎都有过这样的经历：作家总想运用最华丽的辞藻，音乐人则对酷炫的编曲有着很深的执念，想要尽可能把更多的东西放进作品里……

经验累积之后，你会顿悟——简单的元素排列也可以很有力量，就像好的文学作品总是用最质朴的文字写尽世态，普通的旋律也能够触动人心。这时候考量的就是基础语言的运用能力。

设计的核心是产品和用户，作为两者之间的桥梁，设计最重要的一点就是能够表达准确，因此设计更需要基础语言的夯实。语言在反复使用中得到积累和发展，从而产生引申义、俚语等。移动设计也是一样，墨守成规的设计师总有一天会被时代所抛弃，只有不断地学习和运用才能更好地发展和改善。

这本来自两位年轻人编写的设计书，便提供了这样一种学习和运用的契机。面对这个瞬息万变的移动互联网时代，牢牢把握住移动应用产品设计的“语法”，恰恰是应对这个时常在变化的移动世界最恒定的核心技艺——它值得我们反复去推敲、去琢磨，常思常新。

设计遇上移动设备，一定会碰撞出不一样的火花。而现在就是移动的时代，也是我们最好的时代。设计师们，加油!

斯日

——黄油相机创始人

序二

PREFACE TWO

随着近年来互联网和移动互联网的蓬勃发展，互联网产品设计也变得越来越“炙手可热”，成为了一门在计算机、艺术学、心理学、传播学等多学科领域交叉后独立出来的“新手艺”。从过去我们会对某某提及“要做一个应用”的魄力感到大吃一惊，到现在似乎人人都可以拥有一个自己的应用，行业的变化日新月异，这种新的态势和新的变化，对于整个行业的人才培养也提出了更高的要求。

在诸多习惯的影响下，不少入门级设计师对UI设计的学习，会沉浸于对高仿真图标的临摹中“无法自拔”，借此来体现自身强大的软件运用能力或者是炫酷的动效制作能力，而缺乏对产品设计本身系统性、科学性的把握。这也直接导致了在很多情况下，设计师容易钻入自己为自己设置的“牛角尖”中。不难理解，这一阶段正是许多正在不断寻求认同的设计师自我欣赏和自我陶醉的阶段，而片面的学习方式难以令他们真正理解设计背后的意义。

事实上，对于大多数互联网企业而言，他们的产品设计更注重如何解决问题，即对需求的理解和运用。有时候，过度地追求视觉呈现上的表现力反而会适得其反。这意味着，设计的内核仍建立在产品整体性的逻辑结构与内容传达上，入门级设计师更应对此有所重视和提升。在这一层面上，我们需要提醒入门级设计师去多看、多想、多做，从来自书本、他人经验或其他方面等多元地获得方法，至少要在脑海中形成较为全面的知识图谱，然后再运用到临摹、原创和工作实战之中。将技能、思路和创意相结合，同时保持对行业前沿动态的持续关注，进而开阔自己的视域，从更多维度去理解设计，在一点一滴的积累中构成从量变到质变的改观。

这本写给正想要成为或已经从业的产品设计师的书，内容全面、细致，将内容讲解与企业案例、原创产品实践相结合，从理解需求、梳理信息层级、原型与交互设计、界面设计、图标与动效设计、情感设计等方面进行阐述，使设计师能全面、系统地学习移动产品设计的流程与规范。我想，这是一本能令学习者快速上手的“实训书”，通过提供大量新的理念和技巧，帮助设计师快速索引到自己想要了解的内容，并运用于项目实战之中。

本书的两位作者都是学习能力极强的设计师，一位偏重产品，一位偏重视觉。曾经，他们是大学的同班同学；如今，他们是默契的合作伙伴。他们在大学时期就一直在项目实战中锻炼自身产品设计的能力，且对产品设计十分专注。遇到困惑时，他们不仅会不断地去寻找知识的补充，也会通过独立思考，站在不同的角色视角去解释、去演绎，从视觉设计拓展到用户研究、交互、产品、技术……一直在挑战，不断在创新。在和身边不同的人进行讨论和学习的过程中，他们总结出了自己的产品设计经验，形成了这本书中宝贵的成果，仅从这一点看来，就已经十分难得。

李小曼

——猫眼电影MIX设计部负责人

推荐

RECOMMEND

移动产品的设计，最难把握的就是真正的“面向用户的设计”。初学者往往会陷入自说自话的困局中，为自己或老板而设计，而非真正地面向用户。本书两位年轻的作者，本身就是多面手，既有移动互联网产品设计的经验，同时又有丰富的跨领域知识。在这本书中，他们结合了系统性的设计流程和设计规范，贯穿产品设计的各个环节，以丰富的案例经验作为支撑，同时，有很多设计细节的分享，适合入门阶段的产品设计师阅读和学习。

——最美应用创始人 马力

互联网设计师是综合性较高的职业，如果仅仅只是懂得界面、平面、品牌，很难成长为好的互联网设计师。而本书作者具备较强的学习能力，从产品设计到品牌创意再到体验意识都能融会贯通，每一次的设计作品总能突破以往的作品，在追求极致的设计过程中沉淀了许多好的方法和思考。相信各位能从本书中找到极致设计的方法，帮助自己成为更优秀的设计师。

——美团UED设计负责人　薛靖

如今“设计”已经频繁地出现在人们的视野中，并不断地被大家重新认识。以与人们日常生活息息相关的移动应用产品为切入点，如何让设计更好地面向用户，正是本书与大家一起探讨的问题，它将设计的思维与方法融入前沿案例中，试图将对设计的理解更多地应用于切实的项目实践中。如果你也在不断追问“为谁设计”“如何设计”，那么这本书将会是你探寻路上的重要伙伴。

——Echo Design设计总监　Basie Chen

移动互联网正在蓬勃发展，正在改变着人们的日常生活。一款方便、易用的移动互联网产品离不开漂亮的界面设计，同样，好的界面设计需要依附在合理而恰当的产品需求之中，二者相辅相成。本书作者从产品需求到界面设计翔实而具体地讲解了从无到有的移动互联网产品、交互、界面设计思路以及实战技巧，相信它会为更多的移动互联网产品设计人员答疑解惑，不断提升个人的专业技能！

——快看漫画设计总监　刘羿里

在万众创业的互联网时代，包括移动应用在内的互联网产品突飞猛进式地增加，成为创业者的重要入口。移动互联网产品究竟该如何设计、如何运作？这成为许多人费心思考的问题，并希望寻求到有效的办法。这本最新的专业图书，给了我们清晰的答案和完善的指导，全书采用最新的移动应用前沿案例，从UX、UI等环节入手，详细讲授移动互联网产品设计的流程、思路、方式等，实操性非常强。另外，作者从自身实战经验出发，倾情奉献出项目运作中的产品思维和设计思维。因此，本书对于创业者、产品经理、设计师等人员来说，无疑是一场“及时雨”。同时，对于那些开设互联网产品设计相关专业的高校而言，本书也是难得的一本好教材。

——博士、钛媒体资深撰稿人、多家科技媒体专栏作者 常宁

设计不只是一种技艺，更是一种态度。任何一款有“温度”的设计品，背后都蕴含着比创作者想象的更多的“匠心”。这本书便提供了这样一个新颖、有趣的视角，通过一款款鲜活的应用，使产品设计师们能够看到“设计”以外的更多东西。相比传统的产品设计图书，本书更年轻态，也更令人容易接受。或许在很多人的视野里，设计是件“小事”，但打开这本书，你会看到设计一定不仅仅是件“小事”。

——资深设计师、人气插画师、虾米音乐闪屏插画作者 饭太稀

随着互联网的高速发展，视觉设计师已不再是早期画图标的美工，设计师需要掌握更多更科学的用户体验知识，如交互、用户研究。随着产品趋于稳定状态，交互和用户研究也无法满足视觉设计师的职业发展。此时，情感化的品牌设计加入进来，再次成为视觉设计师的必备技能之一。设计正在不断改变，而知识的价值在于分享，本书分享了作者这些年积累的设计经验，有利于初级设计师的专业提升。

——腾讯ISUX高级运营设计师 刘宇然

可能有人会说：“我会写代码、会Photoshop、会套模板、能找素材，给我一星期就能做个应用！”但事实上，一款应用产品最重要的恰恰不是这些，而是对用户痛点的安抚、对用户操作习惯的体贴、给用户疲惫时的惊喜。本书的两位作者都是我的老朋友，他们俩一个健谈，一个善思，分别有着产品设计师和视觉设计师的典型特质。在过去的几年里，我们曾有过很多次对于产品设计的讨论与碰撞，我们很少聊起乏味的操作技术，因为这些仅仅是少有“血性”的工具，而真正成为一名产品设计师的关键，则需要更为关注产品的“灵魂”。这本书，也许不能让你快速设计出一款最成功的产品，但它会为你指出一个方向，一个找寻产品灵魂的方向。

——网易游戏（广州）用户体验中心高级交互设计师 杨凯

CONTENTS 目录

绪论：如何在纷繁的市场中发现人们的“需求”

1. 为什么需要一款应用产品

“我要做一个手机应用。”

你一定在咖啡厅、酒吧、地铁、办公室里，在跟同事、朋友的聊天中，常常听到这句话。当你打开这本书之前，你甚至也有可能才跟自己这样说过。在短短几年间，“做一个手机应用”，已经从少数人掌握的专业技能逐渐转变成多数人实现创业愿望和科技梦想的普遍性表达。

这丝毫不令人感到意外，你也确实需要做一个手机应用。

移动终端的问世极大地影响了社会生活，并以迅猛的发展速度日渐改变着人们的生产和生活。据Canalys的分析，到2016年年底，全球移动设备的出货量（包括笔记本电脑、平板电脑、智能手机和传统手机）将达到26亿台。随着移动设备的普及，与之紧密相连的移动应用市场（也称为移动交互产品或App，App全称为Application）也呈现出空前的繁荣景象。近五年来，全世界范围内的移动应用市场已经产生了数百亿美元的创收。API公司发布的《智能手机用户的应用行为调查报告》中表明，移动应用对于人们日常生活的影响深刻，已经产生了“令人无法自拔”的效果。

以苹果公司为例，移动终端设备的发展正让屏幕越来越小，携带越来越便捷，大大改变了人们对互联网的使用习惯。

多种多样的移动终端设备

到2016年年底，全世界智能手机的用户将超过20亿，并会以更快速的发展态势持续增长。苹果公司以其完整的产业链与相对封闭的产品线，使其App Store应用下载量占据了移动应用市场总份额的近90%，其中主流市场包括社交应用、摄影应用、服务应用等。而近两年以来，国内移动应用的主流市场，几乎已被大型公司或现象级大应用所“包揽”，因此，小型开发团队或个人开发者更多关注的是移动应用市场中的垂直细分领域，如工具类、教育类、生活类等。这些领域仍具有巨大的潜在市场，垂直领域的移动应用，普遍以服务性功能为核心诉求，具有一定的场景效应，并能形成较强的用户黏性。从当前国内对移动互联网产品的认知而言，我国作为世界范畴内互联网产品/移动互联网产品的制造大国，近年来在自主研发产品的过程中，开发者已经能够自觉认识到基于一个实际的用户需求并生产“好用”产品的必要性与重要性。随着智能移动终端的广泛普及，我们对移动互联网产品设计也提出了更高的要求。

移动应用

可以看到，移动应用的“长尾市场”仍有待进一步开掘，而这对于“想做手机应用”的多数人而言，既是一片大有可为的机会“蓝海”，又是需要加以审慎对待的风险“红海”。虽然移动互联网行业的准入门槛正在不断下降，看似“人人皆是应用缔造者”的市场开放度，事实上也在面临着一个问题：每分钟都在涌现的那么多应用里，你的应用为什么能够脱颖而出？做一个手机应用，若是怀着为做而做的一时冲动，恐怕并非明智之举。如同20世纪的网站建设热潮那般，拼凑一段HTML的代码，绘制几个差强人意的Banner，多数人所要的“网站”大概就成型了，遑论能不能用、好不好用呢？我们的今天与那个异想天开、触手可及的年代有着太多相似，虽然在应用市场里每天都有颠覆性的产品出现，可里面充斥更多的或许依然是粗制滥造的“快餐”应用，我们在它们的身上，看不到移动互联的光芒。而置身这个时代变革中的你，也不该是这些糟糕应用的创作者。

因而，我们需要来谈谈“面向用户的设计”究竟如何才能得以可能，首先便需要我们重新审视与发现这个世界里那些真实而容易被忽视的“需求”，并能设计出将其全面满足的产品，这便是另一种意义上的专业性。而这，恐怕会比技术层面的探讨更能令大家明白做好一个手机应用的不易。

2. 发现身边的微观世界

如果你无意间刷到这样一条微博，你会做些什么？

微博消息

如果你在刷微博时看到这样一条微博，或许作为网民的你，不会对此有太多感想。但当你站在产品设计的视角上时，会发现其中拥有无限的可能，一条自然流露的小情绪，也许就是困扰你生活的大问题。对于女生而言，凌乱无章的服饰到底该如何“安放”，大概真的不是一件小事。一条看起来无足轻重的微博，在短时间内被转发了多次，我们或许可以猜测，这个问题并不是一个个案，多数人（至少对于女生而言）都会遇到此类潜在的困惑。

那么，由此我们大胆地联想，在“无所不能”“神通广大”的移动互联网时代，能满足人们“整理”服饰的需求似乎还有着新的产品生长点，于是“衣添”这款个人线上服饰管理应用的概念就在逐步“进化”的过程中诞生了。

下图是沐思工作室产品概念设计“衣添”的Logo及icon主视觉设计规范。

“衣添”的Logo及icon主视觉设计规范

“衣添”是基于iOS平台的个人线上服饰管理应用，目标受众锁定为时尚年轻女士，且辐射部分潮流男士，集整理、选择、展示、服务于一体，帮助用户实现线上、线下服饰管理的双向互动。

“衣添”的品牌概念图

这便是发现“需求”的可能性，我们身处的微观世界里，一句话、一条微博甚至一个细节，都可以被我们用产品化的目光加以审视。也许它们亟待被验证，也许是我们想得太多，但这至少印证着，除了设计以外，有关产品思维的考量应该渗透在日常生活中的每个细节之中——“宁可错杀一千，不可放过一个”，这是理解和阐释需求的一种简单而有力的方式。

当然，日常生活中的“需求”那么多，如何将我们的生活需要转化成真正意义上的产品需求呢？这便依赖于更为系统化的专业审视。而本书便立足于这样一种视角，帮助大家理解从产品创意到实现产品设计的完整路径。这需要我们首先对一个问题进行思索：如何找到真实的需求呢？对这一问题的阐释将成为我们迈入移动互联网产品设计的第一步。

面对纷繁的日常生活，也许可被采纳加以产品化思考的“需求”有很多，但真正意义上能得到转化的需求却很少。毕竟，对于更多“小白”用户而言，生活需求和产品需求的联系是一种不太自觉的“无意识”状态。通常情况下，用户因为个人的考量不会过多袒露自己的真实想法，例如，当你询问用户遇到手机无法充上电的问题时，用户更愿意表述的是“可能是电池坏了吧”，而不是“原来是我没有给接线板通上电”。这看起来有点“蠢”的回答虽然是很极端的例子，但它却很真实，毕竟，你无法要求你的用户都站在产品的角度为你思考。因而，当你和用户在进行需求沟通时，前提便是不能陷入用户为你“编织”的理由之中，探索精神是极其重要的，生活里的难题那么多，不是所有的难题都能称为我们所言的“难题”，例如，没有给接线板通上电这件事，恐怕跟我们要去解决的东西并不是一回事。

如何产品化理解“需求”

产品设计的重要基础是思考的“产品化”。身为“专业人士”的你，最为忌讳的便是以这种专业身份高高在上地看待用户行为。对生活背后的真实场景进行理解，用“小白”的心思揣摩产品，这都是增强需求理解力的必要手段。与此同时，在没有所谓的“用户体验”概念以前，甚至是在没有移动互联网之前，用户的诸多需求和习惯也在逐渐被养成。例如，对于很多用户而言，下拉界面进行刷新这一交互行为其实并不人性化，因为它不如有一个刷新按钮指示明确，但为了建立起更友好和简易的交互规范，我们仍需要去“培养”用户。这看起来像是一个悖论，但正是因为这些复杂的考量，才令我们的生活得以“移动互联网化”。

所以，我们对于这类最广泛的“需求”，即微观生活世界里的一句话、一条微博甚至一个细节，都应建立一套转化的科学思路，这会帮助大家更准确地认知需求。

日常生活里的“需求”如何得到进一步转化呢?

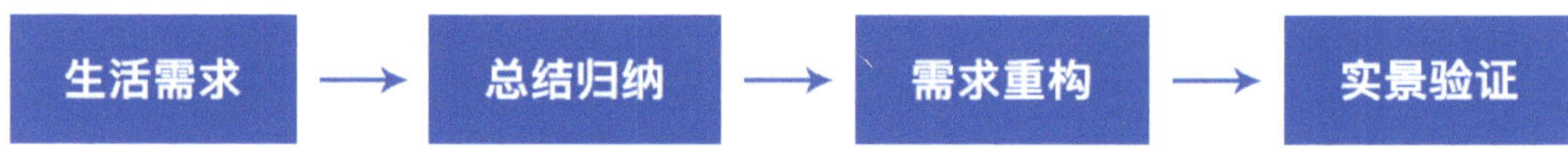

需求产品化的实现路径

生活需要的发现，并非漫无边际，一方面源自各种日常生活的接触。一个饭局、一次约会、一场谈天，都是发现“需求”的好场所。关注身边人的细节和他们的行为，许多潜在的问题便能得以发现。例如，你的哥们儿在聊天中告诉你，最近的健身私教课太贵了，而且每天来往于家和健身房之间也显得麻烦，这不就是一种“需要”吗? 或许你还能因此制作出一款私教上门的O2O平台。所以，请关注生活里那些看似“微不足道”的具体情境，如健身房、办公室、酒吧等，它们当中发生的诸多细节，足以为你提供更多的机遇，而你大概只需要多问几句“为什么”便能收获许多。另一方面你也需要对互联网原生的信息有敏锐的洞察力，毕竟你将是或已是一个互联网从业者，深度的网络接触甚至是“网瘾”是你必备的素养之一。比较常用的信息接触渠道有：新闻（如各类新闻客户端、科技媒体等）、知识分享（微博、微信公众号、知乎、在行等）、互联网数据分析及挖掘平台（艾瑞、企鹅智库等）等。

接下来，找到了日常生活中可能的“需求”后，我们需要对这些信息进行总结与归纳，我们把这些称为需求调研。随着移动互联网行业的勃兴，大量以用户研究为主的咨询公司蓬勃发展起来。在它们当中，有的为行业提供了极具价值的数据和参照，也有的以华丽的架子给出了一些近乎常识的结论。坦白说，纵使你的方法再科学，用户需求的验证与实际的市场反馈之间恐怕也隔了许多条“沟壑”。我们受行业的影响，已经惯于将用户研究视作圭臬，但实际上，真正的用户研究能解决的问题是十分有限的，并非想象的那么“高大上”。通常情况下，在对需求进行进一步分析和整理时，我们需要做到的要点有二：一是富于逻辑；二是承认误差。我们应当认识到，用户研究是一门科学，并非毫无门槛。然而，更需要警惕的是，对用户进行研究，方法都有其局限性，不太可能出现“万无一失”的结论。例如，问卷调查中被调查的对象在多大程度上能全面表达自己的真实意图？深度访谈中访问者的立场与设问方式在多大程度上会干扰受访者？“专业性”或许能在一定程度上避免这些“陷阱”，但若想解决得“彻底”其实并不现实。因此，沉淀“需求”也需要一些“小聪明”，移情的本领也许比严谨的数据更能务实地帮助我们理解需求。

下图中所示的这个漫画故事，曾一度成为理解产品需求的经典案例。

漫画故事

与这则漫画中的道理相同，例如，你在生活中发现有人需要帮他打扫房间，你不能仅仅认为需求就是“找人上门打扫屋子”，应进一步设身处地地思考真正的需求点。恐怕除了“懒”和“没时间”外，还有一个关键难题是为何在保洁服务如此发达的当下，保洁服务的提供仍有盲区？这样我们便能从中慢慢提炼出更核心的需求：预约保洁的流程问题、保洁工的时间问题、保洁工上门服务的信任机制问题等。如果只是找个保洁工上门服务，结果预约步骤烦琐，服务时间又难以适配，甚至出现了一系列其他潜在的安全隐患，那么即便用户能找到人上门服务，恐怕也不是一件便捷而愉快的事。隐藏在“需求”背后的，才是我们真正意义上需要去挖掘和重构的。所以，准确捕捉用户的心理比理解数据更有“温度”，也更有助于我们对“需求”的拆解和洞悉。

当我们获得真正有价值的需求后，我们便需要将其转化为功能设计并在实际场景中加以验证。这看起来是产品设计中最简单的步骤，如用户饿了就给饭吃，渴了就给水喝，负责产品的同学任务很轻松嘛！我们还是以上述中“找保洁工”的需求为例，上门保洁服务，怎么预约？预约流程如何既简化又严谨？选择的时间内没有合适的保洁工怎么办？如何确保规避上门服务的安全问题？这些都是这看似简单的一步中需要解决的“重大”问题。再例如，我们现在对微信这款流行的社交软件的认识恐怕更多是在语音对讲功能的基础上，因其更好地满足了移动场景中利用移动设备进行快速沟通的需求。但语音对讲并非IM类应用的原生概念，这一功能的属性是脱离于传统的基于文字和表情进行的信息传播，是有声化的一种“文字”和“表情”。表面看，语音对讲是一种核心需求，但它其实是“移动化”的文字和表情符号，其本质是一种传播手段的嬗变，殊途同归。因而，我们在进行产品需求重构时，并非是单一功能亮点的开发，而应深挖其核心需求。以下这几款流行的IM类应用都是如此，无论是擅用语音的微信，还是擅用文字的Whats App、擅用表情的Line，它们始终牢牢把握住的不是功能使用本身，而是这类应用的本质诉求——交流与沟通。可以说，需求的功能重构是否切中要害将直接关乎产品设计的成败，在本书的前半部分中，我们将对此展开详细介绍。

风靡世界的Line表情

同时，不要将寻找产品需求看成一件格外艰辛的事。之所以能从身边的微观世界中发现“需求”，是因为这些可能的产品设计都并非“闻所未闻”，而大多是既有的用户需求。例如，在没有淘宝之前，我们也需要买东西；在没有Uber之前，我们也需要打车；在没有美团外卖之前，我们也需要吃东西；在没有微信之前，我们也需要与人沟通……而这些移动应用的出现，只是换了一种方式更好地满足人们的需求罢了。

不要指望你的产品“惊天动地”，更不要指望你的产品有朝一日能“改变世界”，除了你自己，没有什么可以轻易地被改变。你需要明白，大多数优质的产品设计，都是围绕平凡世界中的平凡个体展开的，而移动市场中目之所及的应用，也都是再寻常不过的存在，没有什么值得大惊小怪。倘若有一天你发现了一块尚未开垦的领域，请别着急着开垦。在如火如荼的移动互联网时代，它真的没有被发现吗？还是它压根就不值得开发？冷静而深刻地分析需求，也许你很快就能知晓答案。

3. 在群体特征里找“痛点”

我们再来看一条微博：

微博消息

对很多人而言，最常见的微博内容恐怕就是这类“转发送礼”式的。它们虽然看起来简单粗暴，但不得不承认，人心里皆有的那一丝贪婪之意总能使不少用户乐此不疲地参与其中。除了我们无法深究其意义的内容外，大多数的“转发送礼”都并非是免费的午餐，那么，他们拿一台苹果ipad究竟是想跟用户换些什么呢？答案是一目了然的，他们想知道你需要何种产品和服务，这样一个小活动带来的效果可能是十分显著的。正如上一部分所述，对需求的验证似乎是“道阻且长”的事，找到用户群体特征中的“痛点”也将帮助我们厘清产品的潜在市场。如上图内容所示，在用户群体和需求“痛点”之间，我们如何建立联系？与其费尽心思地主动寻求用户调研，不如赋予用户更多的主动性，而且一台苹果ipad的费用可比一次调研经费少多了。而愿意主动“上门”的用户，他们表达的肯定也好，不满也罢，都是对于产品最有价值的反馈。若能从中提炼出具有共性的用户意见，也有助于我们更准确地判断需求。

那么，关键的问题来了，如何去发现群体特征中的“痛点”呢？

一方面要学会发现用户的“主动性”。如同为了得到礼品转发微博提产品建议一样，能令用户“主动”地对需求加以描述和阐释，势必会比在你的“诱导”下说些什么更“走心”（我们可以认为问卷调查和访谈都是一种有技巧的“诱导”）。我们询问用户“是否需要×××平台来帮助你完成×××事”与用户内心是否真实存在这一需求之间还有相当的距离。毕竟，锦上添花的事，人们愿意接受，却不一定必然需要，只有用户“自觉”地表达才更能反映出我们试图寻找的答案。如果你是打印机厂商的产品设计师，是直接询问使用者如何改进产品有效，还是看到打印机旁摞着几叠厚厚的打印纸由此联想到打印机纸仓容量的问题有效？答案是不言而喻的。一定要记得，用户行为比用户想法可信多了。基本上，人类社会已经表现出的行为才最能体现内心需求，“秘而不宣”的，要么是需求不够强，要么根本就是一个伪需求。在漫长的历史中，人的需求基本是不变的，变的大多是行为的效率（越来越高效）。所以，“主动”的意义在于，我们不仅需要认清用户需要什么，并且需要知道，真正被需要的东西通常有着最便捷的解决方案。如果不能常常使用它（也就是使用黏性的问题），如果它不够寻常，又怎么进入我们的生活成为重要的一部分呢？

发现用户的痛点诉求

以信息通讯为例，在大众传媒并不发达的年代，这就是人们口耳相传的一句话：“我跟你说个事儿”。而后有了狼烟烽火、飞鸽传书、邮局递信、电报、电话、手机，一路演变至今，随着互联网与移动互联网的崛起，QQ也好，微信也罢，核心需求始终未曾改变，只是我们对“我跟你说个事儿”这一信息通讯需要的实现形式，有了更多积极的实践和探索。看似司空见惯的行为，却是人类历史上最牢不可破的需求“痛点”。

而这，与我们在一系列的问卷调查和访谈里得到的“可有可无”的答案并不同，足以看到用户的“主动性”是多么重要的存在。

另一方面要“删繁就简”。需求“痛点”的实质便是刚性需求，且是未被满足的刚性需求。如果想要明确地找到刚性需求，我们势必要将其中够“刚性”的部分加以凸显，不够“刚性”的部分加以刨除，这便是所谓的“删繁就简”。为什么要牢牢把握刚性需求呢？举个简单的例子，互联网电视一直在强调它的智能性：既要做好内容观看的优质体验，也试图提供包括生活缴费在内的各类增值服务。可我们在使用过程中用仅有几个按键（甚至只有一个按键）的“遥控器”在不常被移动的“电视”上购水购电，当真是一件方便的事吗？有时候丰富不意味着适合，反而会令人在芜杂的信息丛中削弱对其本质属性的认知，这便是理解刚性需求的必要性。

那么，如何判断什么是刚性需求呢？我们以“快递”为例来谈谈。

第一，判断需求是否被满足。在快递服务出现以前，我们要异地送取物件，恐怕最快捷的方式也得是“人肉”运输了。快递业的发展，压缩了物流的成本，提升了物流的效率，解决了人们日常生活中需要短时间、远距离紧急传递物资的经常性困扰。这显然是一种显著的刚性需求。

第二，判断需求满足的成本能否更低以及质量能否更高。需求一直都有，可满足需求的产品形式却一直在变化。为什么有的快递“门庭若市”，有的快递却“无人问津”？第一个吃螃蟹的人算是开拓了机会的“蓝海”，可当更多人涌入其中，这片“蓝海”也不再显得如此弥足珍贵。快递服务亦是如此，物流业的崛起使得更多人发现商机，大量快递公司的出现令快递服务也不再那么紧俏。因而，用户可选择的空间变得更大。一方面，由于竞争的存在，越便宜的快递越能成为用户的首选，对于相同的服务，所有人都愿意花更少的钱获取它；另一方面，成本降低并不表示用户花更少的钱得到更差的服务，相反，人人都希望花更少的钱获得更好的服务。因此，提升快递服务品质是另一关键的需求要点。这意味着更高效地满足用户需求，意味着提升服务的用户体验，从深层次而言，也意味着单位时间生产的产品更多（也能降低成本）。于是，优秀的快递公司开始着力改造自己的服务产品，除了既有的对物流本身的关注外，也在物流的流程设计上更为重视用户效率，如提供专门的一键下单预约取件服务，设立就近集中的取件驿站等，进一步提升了产品的品质。这与移动互联网产品的用户体验是相似的：不要让我想、不要让我等、不要让我烦，越是“愚蠢”的东西其实越“友好”。

第三，判断需求满足的形式能否更优化。如果快递业都能做到上述标准，作为用户的你在选择服务时还会考虑什么呢？我想，应该是服务细节的提供。服务形式是一种隐性资本，快递员的一个微笑，快递公司的一次回访，物流平台的一条确认短信，都可能是吸引用户的重要筹码。从社会心理学的角度来看，人总会在有限的生命中追求无限的幸福体验，不要觉得“形式”不重要，这往往是影响用户幸福感的重要因素。

4. “无聊”也是一种需求

当然，除了上述“严肃”的需求探索外，许多可能发生的“美丽意外”也不应全然被忽视。有时候，需求之外的需求也是一支不容小觑的“潜力股”。毕竟，回归到最简单的逻辑，除了常规需求的必要满足外，手机也是消磨时间的必备“神器”。在人们愈发丰富的“碎片”生活中，打发无聊时间就是一种重要的需求。

例如，下图中所示的这款应用Fake Shower（假装在洗澡）。考试考砸了，恋爱遇到问题了，加班加到无望了……难过的时候需要静一静，站在浴室的莲蓬头下听哗啦啦的水声是一种排解情绪的不错方式。这款应用似乎就在高度拟真这种状态。应用内设有两种型号的“莲蓬头”以及3种流量档位供用户选择，还可以任性地查看究竟浪费了多少水，但其实都是虚拟的，也是相当环保的。总之，在任何你需要静一静的时刻，这款“无聊”的应用都能发挥它特别的作用。

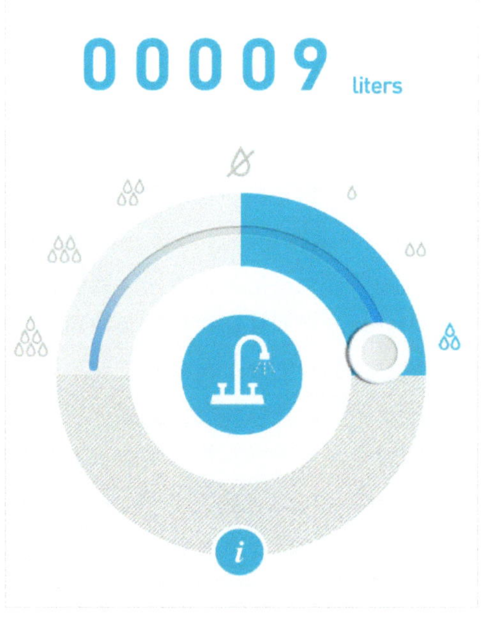

Fake Shower应用主视觉界面

然而，若要深究诸如此类应用的价值，恐怕不能仅用“奇葩”一词加以概括。这些产品无论有多么另类，也不会让用户一头雾水地展开使用，它们总有明确的功能特点供用户一目了然地加以操作。要明白，任何一款移动应用都应有其独特的价值，别把无聊视作无用，就像上图中的应用那样，解压本来也是我们日常生活中一种重要的刚性需求。

01 从理解用户需求开始

微信创始人张小龙曾说：“需求只来自你对用户的了解，不来自调研、分析、讨论或竞争对手。”这一言论后来引发了移动互联网产品界的颇多争议。有趣的是，这句话本身便是一个很值得玩味的悖论：要了解用户，总需要一些途径，调研、分析、讨论或竞争对手，这些都是了解用户的重要途径；而在一定程度上，通过调研、分析、讨论或竞争对手所得的数据都是“冰冷”的，跟“火热”的用户之间又或许隔了十万八千里。建立在这样的认识上，我们会发现张小龙的这番话其实是一种警示：不要让数据绑架你的用户，要对你的需求调研“温柔相待”。因而，从用户的身上了解需求，并不仅仅是一套机械化、程式化的流程，更是一种科学化、人情化的规范。我们深感并理解用户的复杂，也并非每一次对需求的探究都能精准地戳中用户的痛点，正因如此，从需求转化向需求的困难，更值得我们重视。

1.1 需求评估如何开展

有一个经典的例子：某富豪欲娶媳妇，分别给了3个意中人5000元，请她们用这笔钱买东西用来装满一个房间。第一个女人全买了棉花，但并没有填满屋子；第二个女人买了好几箱气球回来，差一点就装满了整个屋子；第三个女人就买了一根蜡烛，点亮后放在房间里，令烛光充满了整个房间。而最终，富豪迎娶了其中最漂亮的那一位。

虽然这仅仅是一个段子（如有雷同，纯属巧合），但谐趣之余倒也能令人形成一些思考——用户或许未必按常理出牌，但如果想要“投其所好”，理解用户真正的需求是重要且必要的。做需求就像打一场“心理战”，只有真正理解用户的心理和使用情景，才能挖掘到用户的深层次需要，进而可以满足用户对使用你的产品的期望。

1.1.1 用户需求这件“小”事

正如绪论中所言，“需求”是司空见惯的小事，可想要真正将其转化成产品，这就不再仅仅是一件小事了。对于产品设计而言，最怕的不是需求繁多而冗杂，而是好不容易从需求中理清了思路，最后呈现给用户的却并非为用户所需要的。造成这种结果的不外乎两种情况：其一是我们没厘清用户的所求；其二是连用户都没有厘清自己的所求。但无论是两者中的哪一者在发挥作用，都对产品设计提出了更高的要求，而我们需要拨开众多“迷雾”找到用户的真实需求。

1. 什么是用户的真实需求

有人去看电影，并非冲着电影本身，而是为了打发深夜失眠的无聊时光；有人去高级餐厅吃饭，并非看中了餐厅里的餐品，或许是为了享受这个就餐环境给自己带来的愉悦感；有人去买了一缸观赏鱼，并非是对于养鱼这个行动有多么热衷，也可能只是觉得家中绿植旁摆上一缸鱼会更美观……这些可能发生的情况都在告诉我们，这个年代的消费，对实体的消费是一方面，它令我们得以满足日常生活的种种所需；而另一方面，则是对精神的消费，也就是说，“感觉”这件事也成为我们重要的消费对象。

因此，建立在这样的基础上，我们能够对用户的真实需求加以理解：要么是能解决用户当前面临的问题，要么是能为用户带来强烈的感受。若能对这两者进行辨析，便是迈出了探究用户真实需求的第一步。

2. 如何寻找真实需求

如何寻找真实需求呢？一个词：沟通。靠谱而有效的需求难觅，正因如此，我们才需要尽可能全面地对用户进行考察。对用户的了解与知悉有多种途径：源自日常生活、源自市场数据、源自会议讨论、源自竞品的测试与分析……但最重要的是，我们需要在各种各样的沟通中获得用户的相关信息。

如何有效地获取用户的真实需求

（1）沟通可以从公司内部工作人员中获得。与领导的沟通可以帮助你充分了解公司的战略规划与定位，进而设计出符合目标用户群的产品，并与公司的发展诉求相匹配；与售前（销售）人员沟通可以帮助你从如何“卖”好产品的角度理解“好卖”的产品需求；与市场人员沟通可以帮助你迅速掌握用户最紧迫的需求；与同部门的产品经理、设计与技术人员沟通可以帮助你建立对于需求理解的共识，甚至能够进一步改造与优化需求。

（2）沟通可以从日常生活中获得。从与用户的沟通（如访谈、问卷调查等）中所获得的数据，也是一次直接地与用户的对话，且这一次对话是置于实际的使用场景中的，将更有效地帮助你理解用户的真实所需。

（3）沟通可以从同类竞品中获得。通过获取与分析同类竞品的相关数据（如用户数据、产品流量、运营数据等），也能帮助你快速剖析出产品的深层需求。

（4）沟通可以从想象中获得。跟自己对话也是必要的一种“沟通”，作为产品设计师，你需要打开想象的设限，为产品的需求提供更多的可能。当然，前提是这些想象都建立在理由充分且可被执行的基础上。

我们以沐思工作室的“衣添”产品的两次初期调研为例，简单勾勒出从一个实际的生活问题中找寻到一类真实用户需求的路径。

- **用户需求的初步挖掘与验证**

首次调研，我们设计了4个简易的用户调研问题，主要围绕服饰整理的日常诉求、诉求强度、改善效果与服饰搭配意愿展开。发放问卷样本共200份，其中女性用户比例超过2/3，回收有效问卷186份。

经过数据采集与统计，约88%的被调查者认为自己有明确的服饰整理、归类的需要，且这种愿望是现实而强烈的；调查中，也有76.4%的用户在临行出门或是明天穿什么等问题上，存在一定程度的选择纠结；绝大多数被调查者也表示，如果存在这样一款产品能够为用户提供挑选搭配的帮助，他们会在实际生活中使用，而仅有约6%的用户觉得不会改变原有的线下搭配习惯；此外，有超过半数的被调查者有个人穿着搭配的展示欲望，当然还有约半数的被调查者在犹豫和否定状态间徘徊。

通过第一次用户调研，大体能够验证“衣添”的产品思路基本吻合于目标用户的需求和习惯。总体而言，服饰的整理和搭配，以及对应的个性化推荐，是用户（尤其是女性用户）日常生活中较为常见的强需求。对服饰繁多并凌乱无序的用户而言，一来无法对所有的服饰了如指掌，二来也会因此造成穿着搭配选择纠结的困扰。“衣添”能够促使用户通过线下服饰的整理，反馈给线上衣橱进行搭配，通过用户自主选择、组合，形成令自己满意的服饰套装，并赋予其相应的气候、温度、场景、心情标签，有效避免了因选择太多而造成的困扰。同时，辅以展示（社交）的功能亮点，可以进一步增强用户对“衣添”的用户黏性。

- **用户需求的再挖掘与再验证**

显而易见，“衣添”的第一次用户调研仅仅粗浅地验证了应用存在的可能性与必要性。在进入产品的实际架构与设计之前，第二次用户调研将发挥对需求再挖掘与再验证的作用。此次调研集中面向“衣添”的细节与功能设计，同时也是对第一次用户调研结论的再验证。第二次用户调研共发放问卷样本250份，其中200份问卷集中在18~30岁的年轻女性，50份问卷集中在18~30岁的年轻男性，通过调取几项重要结果，部分统计反馈如下图所示。

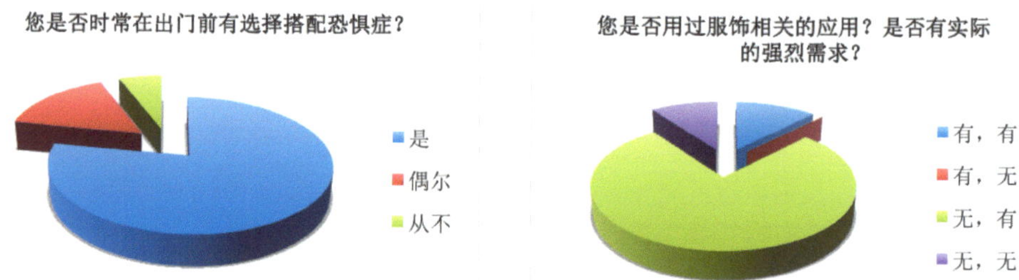

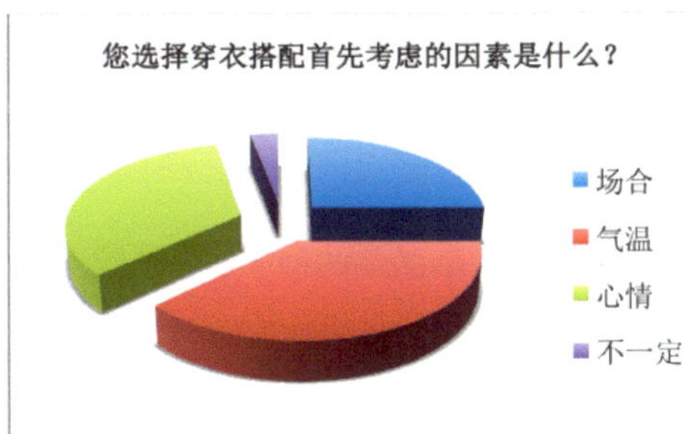

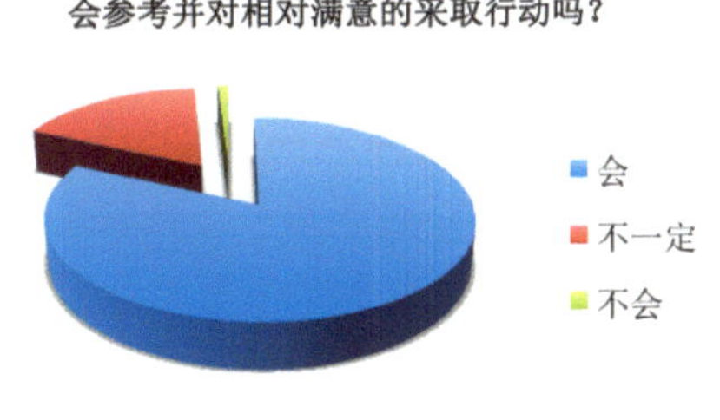

“衣添”产品第二次用户调研部分数据统计

在此基础上，结合部分相关微博在线调查，进而可以归纳、整理出部分重合率较高的用户深层次诉求，与调研数据相关联，得出以下具体的需求总结。

（1）目标用户线下整理服饰、线上自主搭配并获得推荐的愿望是较为强烈的，但缺少牵引性条件促使、鼓励用户进行整理，其中，整理的动力是重要元素之一；

（2）目标用户尽管追求时尚，但多数人穿衣的前提仍然是匹配气温要求，除此之外，场合、心情及其他个性需求也是比较重要的选择要素；

（3）目标用户身着同套衣服的频次也直接影响目标用户的选择。频次越高，选择可能性越强，反之亦然；

（4）目标用户对于服饰保养（如干洗、养护等）、重要事件的穿着预设等比较重视，并希冀能得到一定程度的提醒。

“衣添”产品的原型示意图

3. 如何评估真实需求

判断需求的方式有很多种，最忌讳的是将“对”的结论等同于“好”的结论。

▪ 多视角评估真实需求

同样的用户行为指涉的背后需求可能是完全不同的。举个简单的例子，在使用微信的朋友圈功能时，我们常常会有需要他人帮忙转发公众号文章的需求。但这一需求指涉的真正意图恐怕不一而足：有的是因为文章本身有益希望得到扩散；有的是公关软文需要曝光度；有的是因为奖励（如转发×××次赠送×××）驱动……知悉他人真正的需要，转发才会更有针对性。再举一个更令人易懂的例子，妻子对丈夫无端发火，也许是一月一次的生理期使然，也许是因为需要“包”治百病，又也许是情感关系确实出了问题……而丈夫应对的方式，自然也要“对症下药”才能纾解这一场潜在的“家庭战争”。

▪ 多层次评估真实需求

需求理解的深度与广度不同，也将直接关乎需求的“真实度”。看问题的层次越丰富，得到的结论也会随之丰富起来。例如，用户希望以最方便的方式进行衣物干洗，他/她的需求就只是上门送取干洗衣物的服务吗？我们来试着做一次需求层次划分。

“干洗衣物”需求的层次划分

需求层次	需求点
用户意见	以最方便的方式进行衣物干洗
表层需求	上门送取干洗衣物的服务
深层需求	更便捷、高效、低成本地送取干洗衣物
人性需求	懒惰、省钱、宅、怕费时

通常情况下，挖掘到深层需求，我们便能对此进行总结：用户需要的是一款可以获得干洗衣物送取服务的O2O平台。那为什么还需要挖掘到人性需求这一层呢？因为同样是需要这一服务，人和人的使用动机仍可能存在差异：有的人图省事，有的人图便宜，而有的人只是因为不想出门。根据不同的人性层面的指向，我们在这款O2O平台中也能在很多项目上进行优化：如简化预约流程、发放优惠券、一键下单等，也将更细腻地切合于用户群的多样需求。

▪ 多频度评估真实需求

所谓“真实”，应当是经得起推敲和反复考证的。因而，真实需求的得出不可能只是“一家之言”，应当是“百家争鸣”。

这就意味着，即将设计产品的你，一方面需要多发问，尤其是多对潜在用户发问。我们常说的“一拍脑瓜”形成的产品什么样？多数情况下，无非是产品经理提出一个设想，然后便与用户分享，发生的对话诸如：

产品经理：我想要做一个×××，它能解决你×××领域的问题，你会用吗？

用户：哇，这个太棒了！我一定会用。

无论从表达内容或者表达技巧的角度来看，这都不是一种好的设问方式，然而却是普遍存在于我们日常操作中的一种设问方式。事实上，脱离使用情景的泛化设问，几乎是没有意义的。毕竟，用户回答一句“我会用”是不需要成本的，但践行一句“我会用”是需要成本的。这两者之间的沟壑该如何跨越，反而应当是在访谈时需要一层层加以剥离和解决的。因此，多问“为什么”必然是构成一个有效用户访谈的必由之路。我们来看一段实际的访谈情境：

产品经理：楼下就有干洗店，为什么不喜欢自己下楼送取干洗衣物呢？

用户：因为懒得去呗！

产品经理：所以对于这部分的“懒”，你觉得如何解决会比较合适呢？

用户：如果楼下的干洗店愿意上门送取，打个电话就能解决的问题就不会令人感到那么“懒”了。

产品经理：那如果不是楼下的干洗店，是附近甚至是远距离的干洗店呢？

用户：只要在我确定的、可接受的时间范畴内送取，对我也没太大影响吧。

产品经理：什么是确定的、可接受的时间范畴？

用户：就是我选择预约的那个时间，前后可以稍有浮动，但不能耽误太久，不然我也可能有别的事情要做。

产品经理：那价位呢？

用户：当然希望是便宜啦，谁不图个划算？

产品经理：那送取周期呢？

用户：这倒无所谓，跟干洗店差不多就行。但我希望送取时间能在一开始就固定好，这样是最理想的。

……

聊天需要语境，用户访谈也一样。要确保用户尽可能多地说出真实的情况，一要不断追问，二要结合语境，三要循序渐进。访谈的目的虽然是明确需求，但也不能只扣在核心命题上反复提问，“发散”所带来的可能也是不断问“为什么”的意义。

另一方面，身为产品缔造者的你，也需要反复“移情”。一次次地尝试进入需求所在的环境中进行体验，这是必须要去做的事。理想状态下，如果是设计减肥相关的产品，最有效的办法就是成为一个胖子去感受他们的所求，虽然，这并不太可能。不过，这至少显示出，我们需要多大程度上的“拟真”才能还原用户需求的本来面目。如果当你跟用户的聊天陷入了僵局时，就让自己成为自己产品的“用户”吧!

1.1.2 产品调研方法概述

1. 产品调研的类目构建

用户需求（URD）

市场需求（MRD）

商业需求（BRD）

产品需求（PRD）

2. 产品调研的基本方法

产品调研的基本方法

	以用户需求采集为目的	以用户行为测量为目的
质化方法	用户访谈、焦点小组等	可用性测试、追踪记录等
量化方法	问卷调研、用户画像等	产品数据分析、A/B试用测试等

1.1.3 为“人物”做产品

1. 用户需求调研（URD）的一般框架

核心理念：以用户为中心（UCD）。

核心方法：构建用户属性表，定位产品要面向的目标用户特点。其中包含用户定位、客户定位、用户分类、用户特点、用户行为。设计样式可参见下表（仅供参考）。

用户属性表（样表）

用户性别： 男/女	**用户类型：** 新用户/老用户
用户地域： 国内/国外/各省市/专门地区	**用户年龄层：** 70后/80后/90后/00后
用户身体指标（如有需要）： 在取得用户同意的情况下进行说明	**用户健康状况（如有需要）：** 在取得用户同意的情况下进行说明
用户性取向（如有需要）： 在取得用户同意的情况下进行说明	**用户婚姻情况（如有需要）：** 在取得用户同意的情况下进行说明
用户性格：根据具体情况加以描述	**用户喜好：**根据具体情况加以描述
用户情绪：根据具体情况加以描述	**用户时间分布：**根据具体情况加以描述
用户职业：根据具体情况加以描述	**用户消费能力：**根据具体情况加以描述
用户受教育水平：根据具体情况加以描述	**用户对本产品的认识：**根据具体情况加以描述
用户的使用习惯与效果：根据具体情况加以描述	**用户的发展与潜在目标：**根据具体情况加以描述
本产品面向的用户属性：根据具体情况加以总结	

“交互设计之父”Alan Cooper最早提出了用户画像（Personas）的概念，他认为用户画像是目标用户群的一种具体表现。这意味着，用户画像是从真实用户群中抽离出的一个虚拟的、典型的代表，是烙印有用户群体特征的一系列真实数据（包括市场数据、可用性数据等）的目标用户模型。通过用户需求调研对用户进行深入描摹，根据其动机、目标和行为的差异，将用户类型区分开，并在每一类中寻找具有代表性的特征，赋予相应的人口统计学要素、使用情景等标签，构成人物原型。

在Cooper看来，建立用户画像的意义在于：创建了一种通用性的语言；用户不再是灵活多变的；生成了一个特定的用户目标；不再为优化和启用而顾虑重重。总体上，用户画像是为在产品设计中创作人员摒弃个人主观偏向，全面聚焦于目标用户的态度和行为而服务的。这使得原来为抽象的概念设计产品转向为具体的人物设计产品，其信度和效度都得到大幅度提升。但值得注意的是，创建用户画像必须以真实的数据作为全面参照，也要在不断修正和优化中逐步得到调整。同时，当具有多个用户画像时，也要考量其优先级，一般情况下不要为超过3个的人物原型设计产品，避免产生需求冲突。

Tencent CDC总结了创建用户画像的流程，分别为：研究准备与数据收集、亲和图、用户画像框架、优先级排序、用户画像这5个部分。用户画像中一般需要具备以下元素。

用户画像基本元素

用户画像基本元素
姓名
头像
年龄
籍贯、居住地、家庭情况
爱好与性格
用户场景
职业信息
收入水平
计算机网络使用
动机
目标
人生态度

下图是百度安全事业部旗下@AXE班斧设计工作室为“洋淘”这一提供“海淘”服务的项目设计的用户画像。

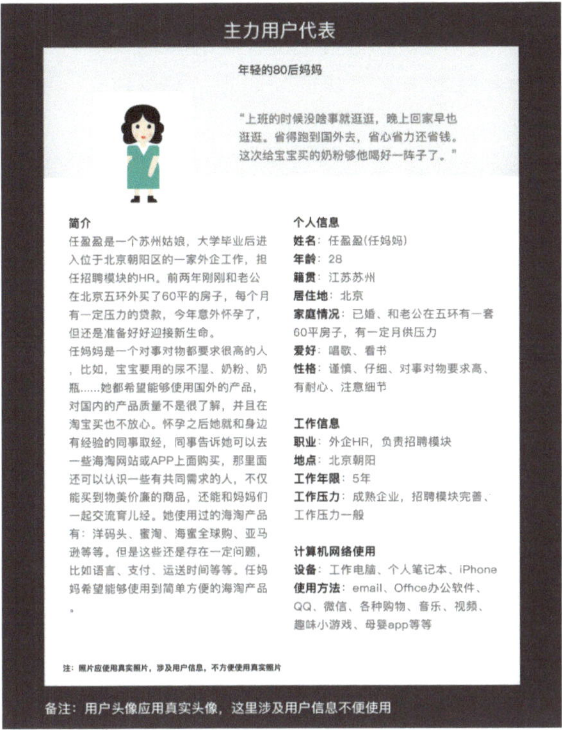

用户画像示例

2. 用户需求调研（URD）的运用

我们通过两个基础案例来对用户需求调研的运用进行了解。

第一个案例是某生活服务类应用的用户需求调研分析，这款应用试图基于地缘周边的紧密社群（如社区等）建立一个互帮互助的平台。

- **样本背景描述**

  年龄集中在20~30岁；

  大多是大学在校生和刚工作的人群。

- **整体数据分析**

  80%的人在问题的回答上都进行了正面回答；

  20%的人选择了其他。

- **交叉分析**

（1）几乎不认识附近邻居的人。

80%的样本都没有接受过邻居的帮助；

90%的人考虑短距离进行帮助，安全性是否可以得到保障；

90%的人在可以为邻居提供哪些帮助的问题上都进行了有效回答，他们都选择了2~3个可以提供的服务。

（2）只认识一两个邻居的人。

90%的人都接受过邻居的帮助；

90%的人对是否愿意短距离对小区的人进行帮助的回答是“需要考虑安全性”；

100%的人都选择可以为邻居提供帮助。

（3）认识两个以上邻居的人。

95%的人都曾接受过邻居的帮助；

30%的人觉得短距离对社区的人进行帮助可以尝试，感觉很好；

在可以为邻居提供帮助的问题上，家政服务和照看花草宠物占了90%。

- **变量描述分析**

（1）17%的人完全不认识邻居；35%的人认识1~2个邻居；47%的人认识两个以上邻居。

（2）48%的人在结交陌生人朋友的问题上首要看对方人品。

（3）5%的人完全没有时间在家做饭、整理家务、照顾宠物，32%的人偶尔会有时间。

（4）60%的人选择愿意在零散时间帮助别人，30%的人虽未帮助别人，但愿意尝试。

（5）56%的人选择可以为邻居提供护理照看花草宠物；30%的人可以接受其他家务琐事。

（6）64%的人使用服务类软件时更注重线上与线下服务的转化效率，80%的人更注重操作简单。

由这组初步的基础用户数据，可以大体描绘出基本的用户需求特征。

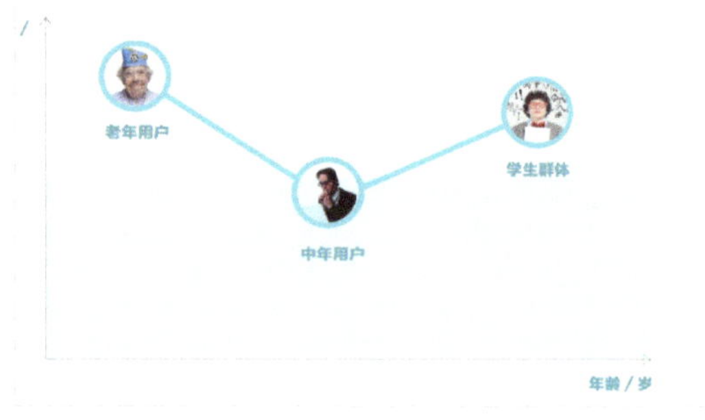

案例一所得用户需求年龄分布曲线

青少年用户

- 空闲生活集中
- 对于有偿类服务兴趣大
- 对人际交往普遍具有新鲜感
- 适合看护类以及教育类型服务
- 能给予的服务类型多样化，范围广泛

中年用户

- 普遍为上班族，自由时间较少
- 需求量增大，给予帮助几率小
- 与邻居交流意愿最小
- 经验丰富，专业技能相对完备
- 服务多样化

老年用户

- 闲暇时间相对较多
- 需求和给予相对平衡
- 与邻居交流意愿相对大
- 适合看护类以及家政类型服务
- 能给予的服务类型局限

案例一所得3类用户特征概述

第二个案例是为影视编剧工作者提供的工具类应用，这款应用试图在移动端为编剧工作提供更便利的灵感记录、文字编辑等使用功能。对于一个专门领域内的产品需求，这一调研工作首先需要创作者充分理解这项专业技能所需的核心元素，以预调研形式获得调研类目构建的合理性与充分性，包括灵感记录、故事线、人物关系等。在这些专业技能核心元素的基础上，通过问卷调研结合深度访谈的方法进一步梳理出移动端呈现需求的具体表现。

- **灵感记录**

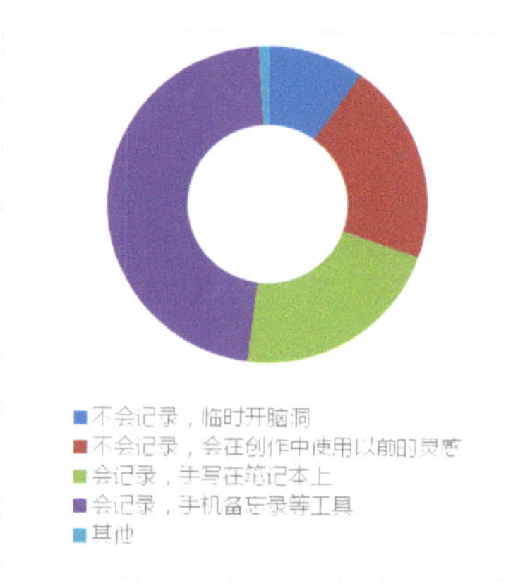

案例二中的用户调研数据（一）

可以看到，接近半数的编剧从业者通常会使用手边最便捷的手机及其相关文档类软件进行随时随地的灵感记录。而与此同时，也有近1/4比重的从业者具有更强烈的专业精神，习惯使用随身携带的实体笔记本进行记录以便日后使用。而对于编剧从业者而言，选择不记录灵感的人仍在少数。

- **故事线**

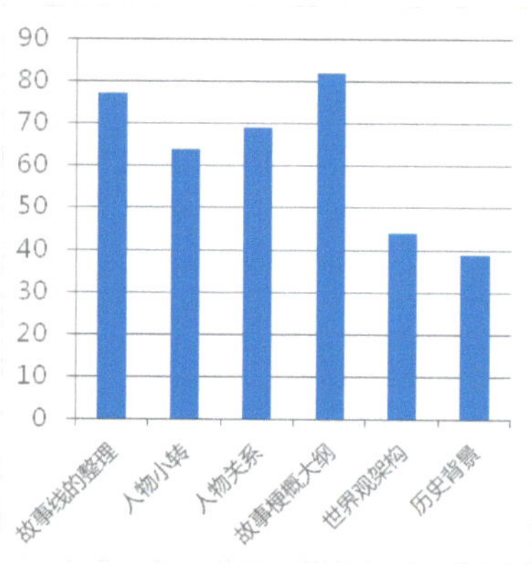

案例二中的用户调研数据（二）

在列举的对于故事线创作的常见需求中，故事线整理、人物小传、人物关系、故事梗概大纲，都有着较大比重的需求量；相比之下，世界观与历史背景等相对抽象的故事设定元素，则需求量相对较少。

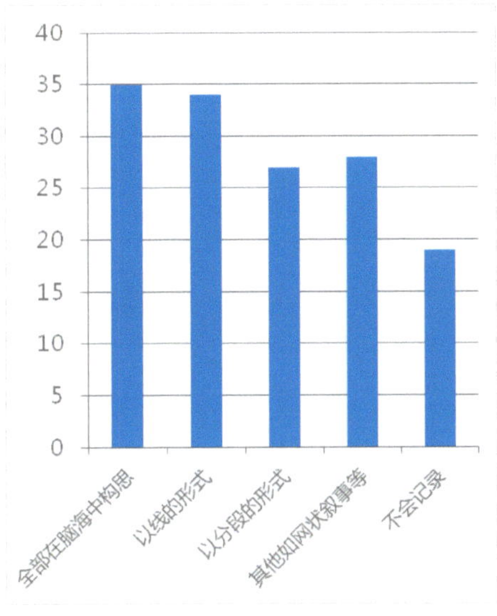

案例二中的用户调研数据（三）

对于故事线的记录习惯，个人偏好影响较大，可寻求的使用规律并不显著。

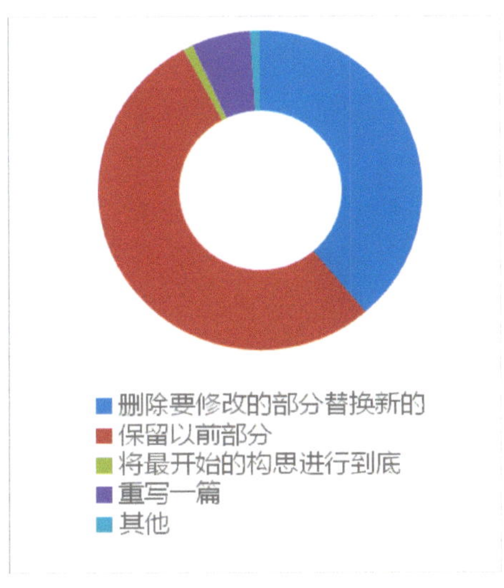

案例二中的用户调研数据（四）

与此同时，对于已经完成的故事线的调整与修改工作，大多数编剧从业者习惯于同时保留修改前的内容（以便后续观察），也有较大比重的从业者希望直接替换删改内容，这两者具有矛盾的操作并列存在，都是重点需求。

- **属性筛选**

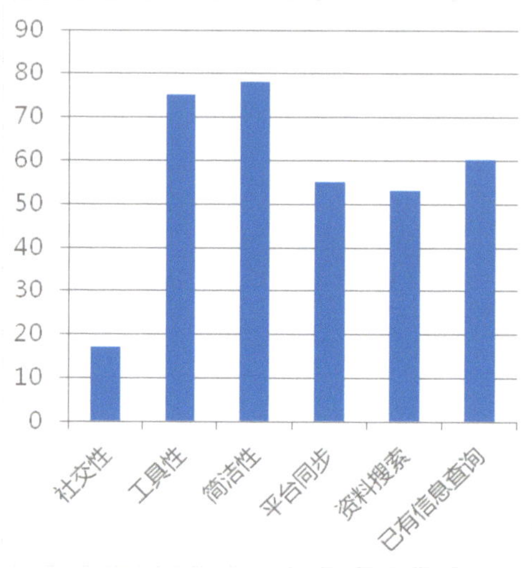

案例二中的用户调研数据（五）

编剧从业者对于辅助其进行编剧创作的工具，要求其操作要简洁，并且普遍希望作为一种专业工具，其社交成分能够尽可能减少。结合访谈来看，受访者表示不希望辅助工具变成一个新的社交平台。虽然在既有的互联网环境中，各种应用都能在一定程度上与社交相结合。但对编剧而言，应用的工具属性与社交属性可能是相违背的。

同时，已有信息的检索和多平台共享内容的需求也表现得较为突出。受访者表示，大部分的内容创作都在PC端完成。如能将手机端的灵感记录与PC端的内容创作相结合，同时移动端可对PC端内容进行即时修改，则效果更佳。

由这组初步的基础用户数据，可以大体描绘出基本的用户需求特征。

基本操作特点：免打扰模式、跨平台操作、检索功能。

基本功能导向：

（1）易用性：避免社交；简化Word的部分功能与操作；手机端、PC端云同步功能重合与分化；对已完成内容的检索及已调整内容的隐藏（而非删除）。

（2）工具性：灵感打包分类随时查看；可修改的故事线；独立的人物设定；角色关系可视化编辑；标签化的特殊段落随时调入调出。

1.1.4 为“市场”做产品

1. 市场需求调研（MRD）的一般框架及运用

核心理念： 以市场发展为中心（MCD）。

核心方法： SWOT分析法，对产品市场与竞品进行解构。其中包含竞品内容类型、竞品发展空间、竞品功能特点、竞品商业模式等。

SWOT分析法，又称企业战略分析法。这一方法是主要用以确定企业自身的竞争优势、竞争劣势、机会和威胁，从而将公司战略与公司内部资源、外部环境有机结合的一种科学、系统的分析方法。

SWOT分析法主要基于竞争的内外部环境和竞争态势分析，将与研究对象紧密相关的各种主要内部优势、劣势和外部的机会、威胁等进行枚举，并依照矩阵形式排列，采取系统分析的手段，将各种因素相互匹配进行统筹分析，从中得出一系列相应的结论。通常情况下，SWOT分析法得出的相关结论带有一定的决策性质。这一方法的优势在于可以对研究对象所处的情境进行全面、系统、科学的研究，进而依照研究结果制定相应的发展战略、计划及进路等。

下图为SWOT分析框架，依照企业竞争战略的完整概念，“战略”应是一个企业“能做的”（即组织内部的优势与劣势）和“可做的”（即外部环境的机会和威胁）之间有机的结合。

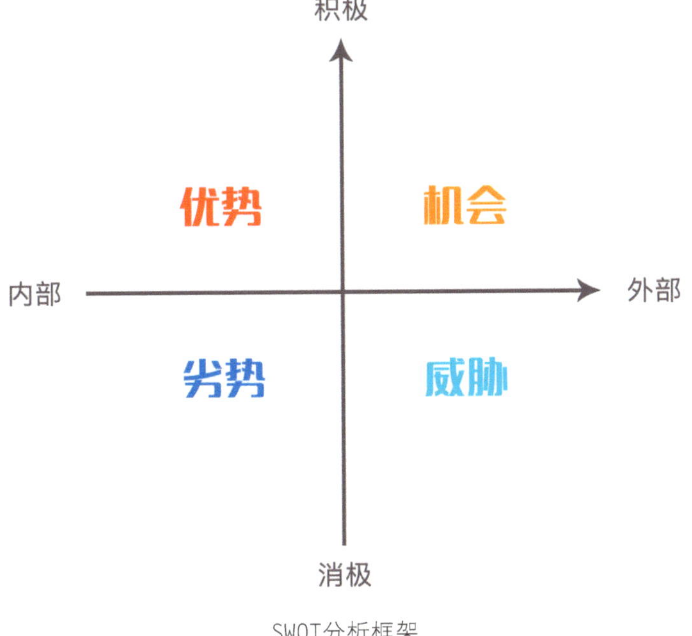

SWOT分析框架

以“衣添”的部分市场需求调研为例。

▪ 国内移动市场中生活类应用概述

移动互联网行业的高速发展催生了移动应用的成长，应用产品愈加多元化与类型化，并不断渗透进生活的方方面面。其中，生活类应用虽然发展起步晚，但是类型应用中发展前景较佳的代表之一。很显然，移动应用对于们“衣食住行”4个方面的影响是巨大且深刻的。人们可以通过移动应用开展服饰搭配、团购优惠、酒店预订、旅行规划、地图导航等诸多活动。用户过去能够通过桌面互联网实现的功能应用，如获取资讯、网络购物、地图查阅等，如今都能够通过手机等智能移动终端实现，移动应用正在悄无声息地改变着信息时代中人们的日常生活。

显而易见，移动应用是企业吸引受众并占据用户移动端上网入口的重要手段。从当下的趋势而言，生活类移动应用正在不断聚焦，细分化、垂直化的发展态势越来越显著。经过统计，可发现当前移动应用市场中生活类应用的细分类别大致包含17种，各自代表的应用也形成了相对稳定的用户群，如下表所示。

国内生活类移动应用细分类型及其代表产品（以“衣食住行”为例）

类别	细分	代表应用
衣	服饰团购	果库、豆瓣东西、唯品会、聚划算、暖岛、梦芭莎
	商家推荐	优衣库、秋水伊人、银泰百货、李宁商场
	折扣资讯	省省、品牌打折提醒、八千优惠、爱尚街
	服饰搭配	美丽说、蘑菇街、穿衣助手、istyle
	细分人群	宝宝服装秀、精品购男士版、男士特价购物
食	团购优惠	美团、大众点评、饿了么、糯米网、百度外卖
	美食推荐	布丁优惠券、爱帮生活、全国美食优惠券
	美食菜谱	番茄快点、食神摇摇、美食达人、114美食
住	房屋租/买	赶集、58同城、搜房、租房网、安居客
	住宿团购	携程无线、艺龙、去哪儿、今夜酒店特价
	酒店预订	七天连锁酒店、汉庭酒店、掌上如家、格林豪泰俱乐部
行	车票预订	12306、携程无线、淘宝旅行、高铁时代、同城旅游
	车票资讯	航旅纵横、飞常准、超级火车票、酷讯机票
	旅行规划	面包旅行、蝉游记、嗡嗡、去哪儿旅行、艺龙旅行
	地图导航	高德地图、百度地图、谷歌地图、搜狗地图
	打车	嘀嘀打车、uber中国、神州专车、摇摇招车
	公交查询	8684公交、爱帮公交、搜狗公交、彩虹公交

- **国内生活类移动应用发展的SWOT分析**

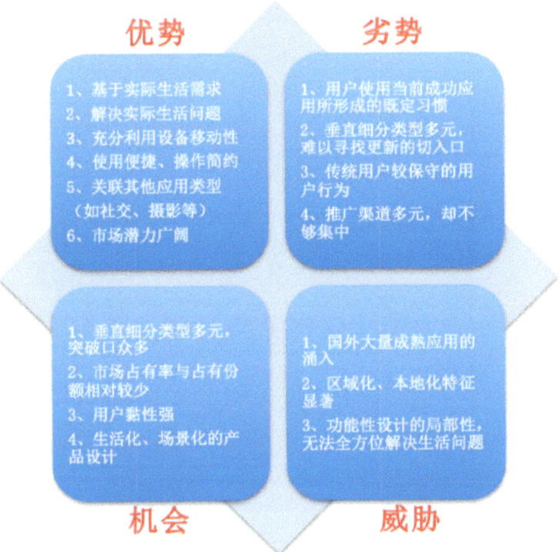

国内生活类移动应用发展的SWOT分析

- **典型竞品应用案例枚举与分析**

我们选取两款较有代表性的生活类移动应用“穿衣助手”和“面包旅行”进行竞品枚举与分析，两款应用初期均由小型开发团队完成，对于广大应用初创开发者而言，具有一定的典型性。

穿衣助手：晒、看、淘，打造女性穿衣时尚社区。

“穿衣助手”应用介绍页

穿衣助手是一款记录女性穿衣搭配的应用，设计风格明丽时尚，目前已积累用户达5000万。产品最初的设定是一个女性自拍社区，眼下已逐渐转型为满足用户晒搭配、看搭配、淘搭配的女性穿衣时尚社区，2015年获得由京东和祥峰资本数千万美元的B轮投资。

在这个追求时尚的魅力分享社区中，用户可以记录每日的穿着（自拍），保存个人的私密相册，也可以通过分享与别人交流服饰搭配心得。与美丽说等导购类应用相比，穿衣助手更侧重“人”，即对用户的关注。其核心功能在于自拍、逛街、发现这3大要点，满足爱美女性的展示欲与时尚感诉求。从长远的发展角度看，穿衣助手想要缔造的是一个“移动时尚自媒体平台”，其内置的社交元素有助于应用全新的商业模式探索。

面包旅行：让旅行变得更有趣。

面包旅行，用心记录

“面包旅行”应用介绍页

面包旅行是一款旅行记录应用，设计风格清新简约，前身是“邀游记”，目前已积累用户达2000万。在产品的变迁过程中，转型的不仅是产品名，更对核心功能点进行了变异。它不仅仅包括通过添加文字与拍照的方式记录旅行瞬间，也进一步细化了功能细节，如增加照片位置识别、步行与乘车路线定位识别、驴友社交、推荐热门行程等。

作为新浪微博的第三方应用，面包旅行具有天然的传播优势。旅行过程中的每一个精彩瞬间、每一份精心打造的旅行线路，都能及时地被生产、被传播，允许用户在旅途中任意的碎片时间里记录旅行记忆，并将行程安排完全交给用户管理。

2. 商业需求调研（BRD）的一般框架及运用

核心理念：以销售盈利为中心（SCD）。

核心方法：比较法，分析当前既有资源发展（包括资本状况、产品优劣势、运营优劣势、市场优劣势等），比对投入产出比，评估盈利可能与盈利方式。

常见盈利来源组成：各类广告、付费下载、会员服务、虚拟道具、流量分成、无线增值、推广排名、电商销售等。

商业需求调研的一般框架元素如下表所示。

商业需求调研的一般框架元素

项目	子项目
存在问题	最需要解决的核心问题
客户群划分	目标客户特征
独特卖点	一句话可以阐明的产品独特性
解决方案	优先级最高的产品功能
渠道优势	如何寻找客户和对客户进行精准投放
收入分析	盈利模式、商业价值、各类收入状况等
成本分析	争取客户的成本、销售产品的成本、各类软硬件环境及技术支持的成本、人力资源成本等
核心指标	评价与考核商业需求的关键元素
门槛优势	无法被竞争对手轻易复制或颠覆的核心竞争力

- **运用：商业计划书（BP）写作**

商业计划书（BP），是企业为达到招商融资及其他商业发展目标，全面展示企业当前项目、产品发展状况与发展潜力的一份书面报告。商业计划书没有完全固定的格式与规范，但需要全方位对项目、产品计划进行阐释，供以包括投资商在内的阅读对象能够对企业或项目、产品做出判断与评估，从而使企业获得一定的投融资。

通常情况下，商业计划书中包括产品介绍、商业模式、市场分析、发展战略规划、竞品分析、核心团队介绍、人力规划、财务规划、投融资需求、退出机制等。总体上，内容科学而扎实、数据真实而丰富、体系完整而充分、设计简约而美观的商业计划书才更容易受到投资方青睐，从而进一步观察并评估你的商业运作计划，考虑投融资的可能。

值得注意的是，商业计划书不仅是给别人看的，也是给自己看的，通过其梳理企业与项目、产品的发展状态、战略和资本部署，都是十分必要的，这也同样是对商业需求进行的一次完整剖析。

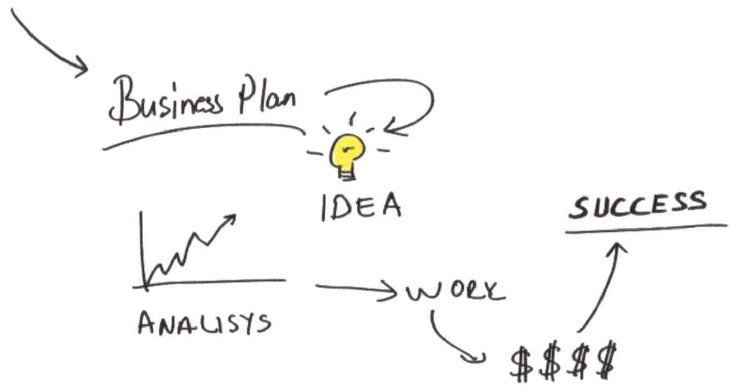

如何写商业计划书

在商业计划书写作中，有以下需要特别关注的操作要点。

- **数据信息为王**

数据始终是投资方对此产品构成兴趣和初步判断的基础。注册用户数量、活跃用户数量、流量、变现能力、传播效果等，都有助于投资人更直观地知悉你的产品。

- **适度合理包装**

拿得出手的产品一定有其强项，当然，“软肋”也在所难免。在商业计划书中，需要避免大量抽象理念与构思充斥其中，将产品最核心的竞争力（即如何解决需求痛点）置于最显眼、明确的部分，也可对此有适度合理的包装，促使投资人对此产生较为强烈的关注。切忌追求“大而全”的产品包装（诸如“我的产品能解决多个领域、多类用户的多个问题”之类），“小而美”的产品更能显现出其存在的意义与价值。

- **商业模式主导**

投资人之所以愿意为你的产品“掏钱”，最关键的因素是你的产品能带来可期、可观的商业价值，即有潜在的变现能力。那么，倒推过来，商业模式也会是商业计划书中最核心的要素之一，通过收入模式、现有和待开发客户、客户价值、销售和渠道等方面的阐释，对你的产品将如何“赚钱”进行清晰说明。值得注意的是，分析和规划要细分到一年内的时间阶段。

- **凸显核心团队**

行业内曾经流传着这样一种说法，“宁投一流人才、二流项目，也不投一流项目、二流人才”。对于团队架构的关注，也是商业计划书中至关重要的一部分，毕竟，模式、市场和利润都依赖于团队创造和养成。核心团队作为项目和产品的主导力量，一方面要凸显个体的背景、专长和独特价值，另一方面要凸显这样的组织结构是否有利于项目的长远发展。

1.1.5 重视需求重构的工作

通过上述内容，我们的产品需求基本能够得以锁定。然而，经过验证的需求是否就可以直接投入产品设计呢？显然不是。零散的创意如何组织，是我们下一步即将面临的问题。在有限的资源和市场环境中，需求和需求之间，对于我们的产品而言也会构成显著的差异：有些需求“点击”率较高，我们需要在产品中进一步凸显；有些需求虽有“点击”但并不广泛，我们需要在产品中加以削弱。这就是需求优先级的问题，我们需要在这一阶段中进行二度梳理和调整，这有助于清晰划分接下来的产品信息架构层次。

对需求优先级的评定，也是对需求进行重构的过程。值得注意的是，需求重构并非只作用于功能区块的“轻重缓急”之上，也表现在对需求细节的进一步观照和调适上。例如，下图为“衣添”在调研后重新调整的部分需求细节及其原因阐释，这也是需求优先级评估的一项具体工作。

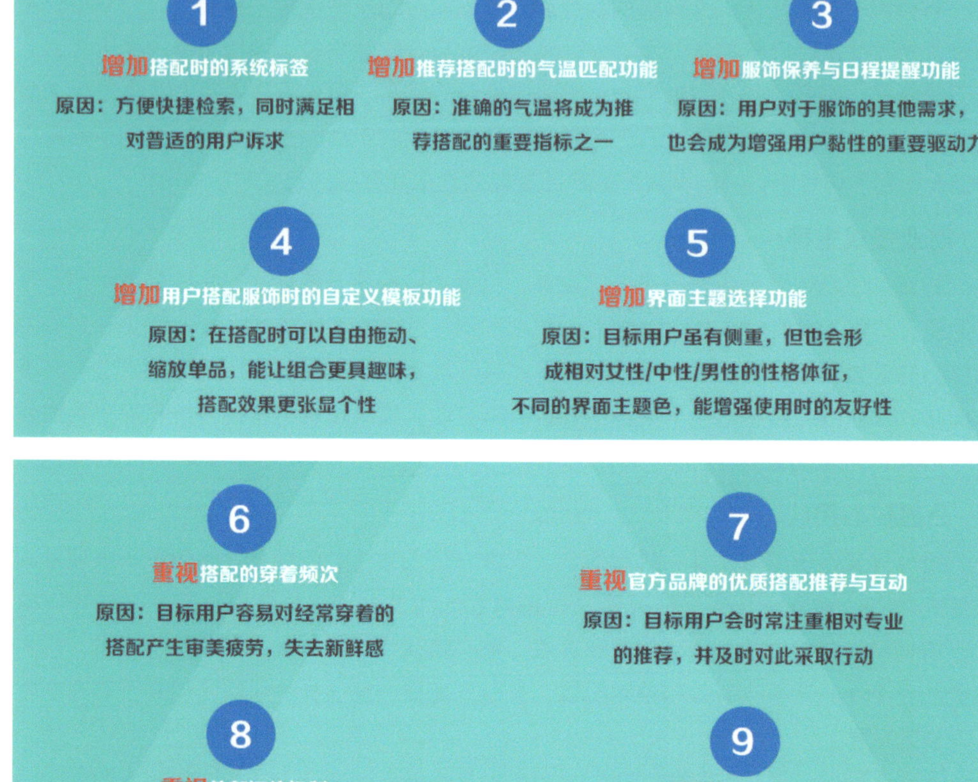

“衣添”应用的需求细节重构

需求的重构是为系统组织产品做充分准备的。至此，我们便可梳理出整个产品清晰的需求脉络。此时，当产品由“概念化”阶段进入“图纸化”阶段，产品需求文档（PRD，Product Requirement Document）在此时便发挥了至关重要的作用。

产品需求文档，其作用在于对URD、MRD、BRD中的内容进行指标化和技术化的梳理，这一阶段的工作将直接影响接下来的产品设计和研发能否明确体现用户需求和产品性能。这一文档在产品项目中具有承上启下的重要作用：“向上”是对URD、MRD、BRD内容的梳理与总括；“向下”是将URD、MRD、BRD内容的细化。产品需求文档的完成，才真正意义上使得“需求”过渡为需求。

通俗来讲，产品需求文档就是将上述需求的整体思维走向进行系统化、科学化的表达，同时进一步提炼产品思想，以文档的形式做出明确而清晰的界定。不同企业或不同团队在制定文档上都有自己的习惯和规范，因而在格式要求上，产品需求文档也并非是一纸固定的“模板”，但最重要的是能适用于企业或团队的真正需要。总体上看，用户需求文档的一般框架需包含下表中的常规元素。

用户需求文档（PRD）的一般框架

项目	子项目
项目概述	产品背景介绍
	产品概述及目标
	阅读对象
	参考文档
	术语与缩写解释
产品角色	产品角色说明
产品设计约束及策略	产品设计约束及策略说明
产品模型	产品模型样式及说明
产品功能性需求	业务流程/信息架构
	功能模块划分
	功能模块设计
产品非功能性需求	软硬件环境需求
	产品质量需求
	安全性需求
	产品升级维护需求
	接口需求
	其他需求

一份好的产品需求文档，是衡量一个产品经理产品思维的标准，也能看出一个产品经理在这个领域中的专业程度。产品需求文档的呈现内容，主要表现为：是否提炼出产品的核心需求；是否满足了核心需求的表现方式；是否描摹出产品主体的功能概貌；是否充分考虑了关联功能；是否细化了功能设计；是否选择了最佳的产品评估方式；是否留出功能迭代的空间等。

1.2 信息架构如何组织

信息架构（IA，Information Architecture），主要指对某一特定内容中的信息进行统筹、规划、编排等一系列结构化组织的可视化设计。通俗而言，信息架构就是对信息关系组织的一种展现方式。信息架构的意义在于在用户和信息之间建立一条畅通的渠道，是信息及其关系得以直观呈现的重要载体。

初涉互联网和移动互联网领域的产品创作者，在实践经验不足的情况下经常会误认为只有视觉表现和研发才是产品设计的重中之重。然而事实上，明确有力的产品架构才是构成产品得以进入设计和开发的必要前提。以人体结构作为比喻，信息架构是支撑起生命体的骨骼，是整体的细分与基础。在一个优化结构的骨骼上，肌肉（程序）和表皮（设计）才能够有机结合，形成一个完整的生命体。缺乏了信息架构的重要性观念、或者一个结构不合理未经细化与推敲的产品设计，会在开发的过程中对程序和视觉的展现造成毁灭性的灾难。

信息构架是产品得以进入设计和开发的必要前提

1.2.1 信息架构的功能、流程与可视化设计

传统的信息架构主要指网站的信息架构，侧重于网页信息的合理组织与便于用户进行信息搜索查阅。而在移动端方面，信息量与信息检索的重要性随着应用服务的不同而产生不同变化。一个以提供信息为主要内容的移动应用，其信息架构可能会更多地考虑对于其所提供的信息的梳理和检索，而服务类应用则会相对弱化这方面的相关内容。

在项目制定时应清晰准确地阐述功能点，以及接下来的原型与交互逻辑架构。视觉部分和研发部分都要在一个清晰的功能架构的基础上开展，不然在项目的进程中会逐渐暴露出前期缺乏考究的问题并不断扩大化，从而对产品整体构成隐患。因而，无论是网站还是移动端，它们都具有一个共同的信息架构需求：明确功能与用户群；界定流程及其交互关系；将信息关系可视化。

我们以苹果手机中的“相机”应用为例，谈谈功能、流程与可视化这3个元素是如何影响信息架构并发挥其特定作用的。

■ 功能设计

功能设计，明确用户使用一款产品的具体操作路径，是对信息结构的具体阐释。通常情况下，我们对产品功能的梳理，能够形成下表的样式。

苹果手机中“相机”应用的功能操作

序号	功能名称	功能描述	前置功能	后置功能
1	对焦	用户通过轻触屏幕实现焦点选择	打开“相机”应用	无
2	调整焦距	用户通过在屏幕上的双指放缩操作改变焦距	打开“相机”应用	无
3	辅助功能	用户通过界面内按钮点击选择闪光灯、延时、清晰度、画幅等关联功能	打开“相机”应用	无
4	拍摄照片	用户点击拍照按钮	打开“相机”应用	存储照片
5	查看缩略图	用户点击进入相册，查看照片流中的照片缩略图	打开“相册”	无
6	查看大图	用户点击查看完整图片	打开“相册”或在拍摄完成后	无
7	删除图片	删单张、删多张	打开“相册”	无

通过上表，我们能将产品具有的功能要点进行逐一呈现，这将帮助我们厘清产品对应的所有功能要素，为之后的信息关系组织打好基础。

■ 流程设计

通过表格梳理的功能列表，是“平面”的，是“静态”的。然而作为一款产品的使用，其操作流程一定是分支化的，是有变化的。为了让功能能够“立体”和“动态”，我们需要用流程设计将操作过程及其结果线性化。

流程设计，是产品使用的操作全景路径。它描述了一款产品的完整使用，也从时间线上规定了产品及其各部分之间的关系。如下图所示的“相机”应用的流程设计，便令上述功能设计列表“运动”和“变化”了起来。

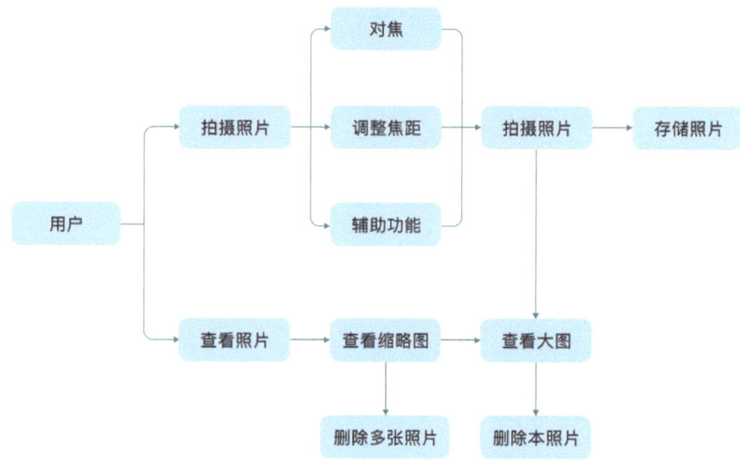

“相机”应用的流程设计

■ 可视化设计

信息架构的最终目的是为产品所呈现的信息层次能够以可视化的方式既定下来，能够清晰地展示一款产品可以用来做些什么。因此，对于流程设计的可视化便显得格外重要。看似操作简单的产品背后，都对应着一个其实并不简单的逻辑关系，因而，通常情况下，我们会选择思维导图对信息架构完成最终的可视化设计。

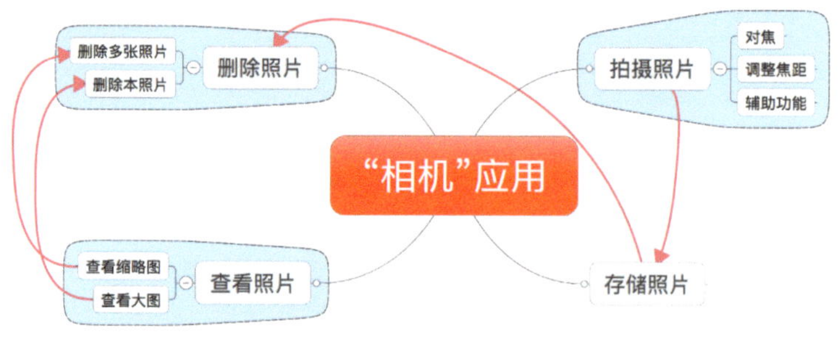

可视化的“相机”应用信息架构：思维导图

1.2.2 工具的使用规范与操作要点

MindManager是一款创造、管理和交流思想的思维导图软件，其直观清晰的可视化界面和强大的功能可以快速捕捉、组织和共享思维、想法、资源和项目进程等，成为我们对信息架构进行可视化设计的理想选择。

MindManager思维导图主要由中心主题、主题、子主题、附注主题、浮动主题、关系线等模块构成，通过这些导图模块可以快速创建我们需要的思维导图。

- **第1步 新建MindManager项目**

打开MindManager，软件会自动新建一个导图项目，中心主题为Center Topic，点击文字可以自定义导图的名称，如下图所示。此外，我们也可以在“文件”→“新建选项”路径下创建一张空白导图，或从现有导图或者预设模板中创建一张导图。

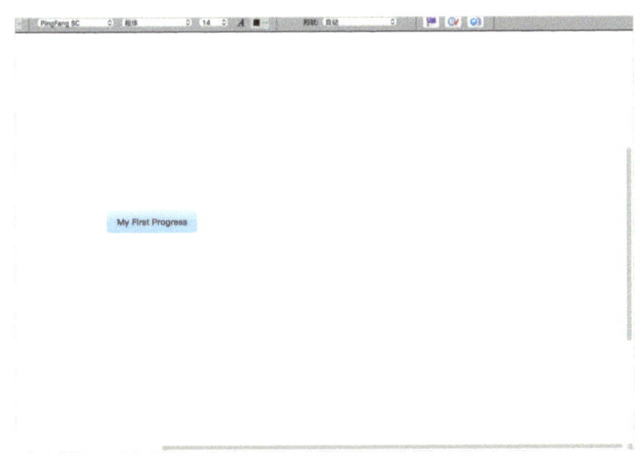

新建MindManager项目

- **第2步 添加主题**

添加主题的方法有很多，按Enter键、双击屏幕都可迅速添加主题，也可单击左上角工具栏的“插入”图标添加主题，如下图所示。同样，单击主题即可输入内容。

添加主题（一）

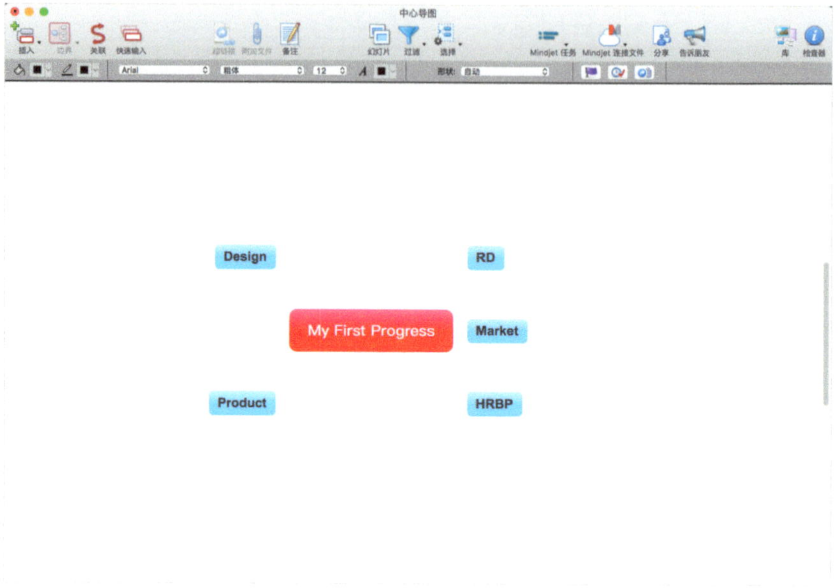

添加主题（二）

如果主题下还需要添加下一层级的内容，可以创建子主题，如下图所示。单击软件左上角工具栏中“插入”图标中的“子主题”选项即可创建子主题，快捷键为Ctrl + Enter。

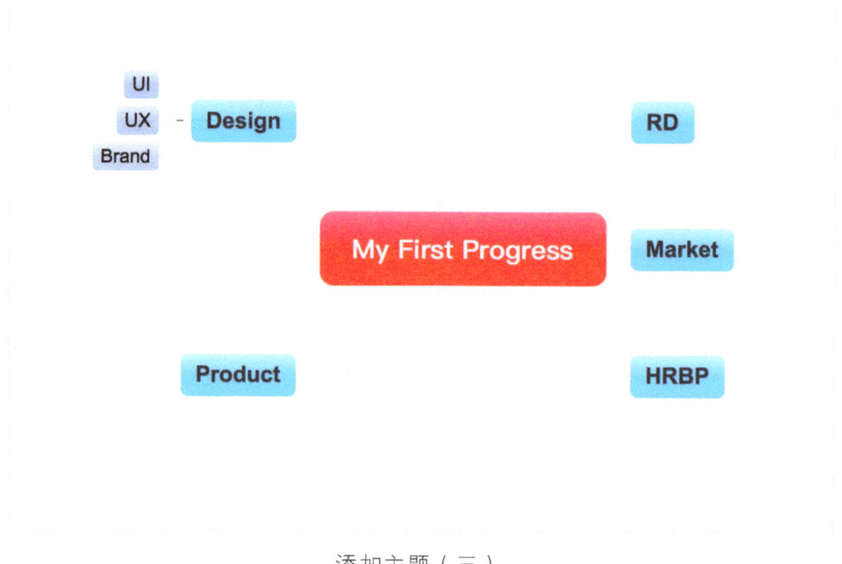

添加主题（三）

- **第3步 添加主题信息**

通过菜单中的“插入”→“主题”的路径选择，可以为主题添加超链接、附件、备注、图片、标签、提醒及指定任务信息等相关内容。

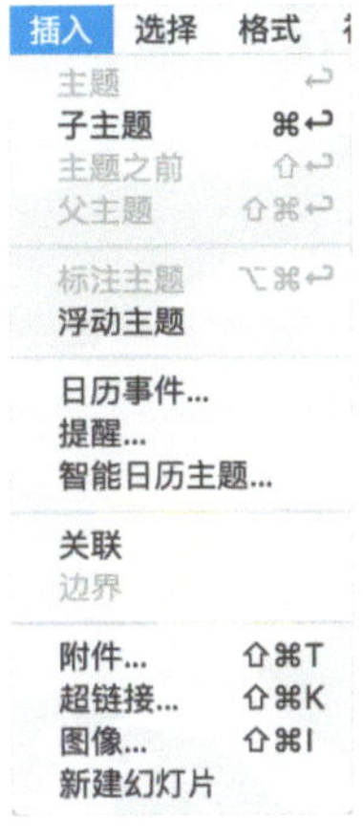

添加主题信息

- **第4步 添加主题信息的可视化关系**

通过菜单中的“插入”→“关联”或“边界”的路径选择，可为主题添加特殊标记来对主题进行分类、使用箭头展现主题之间的关系、使用分界线功能环绕主题组或使用图像说明导图等。

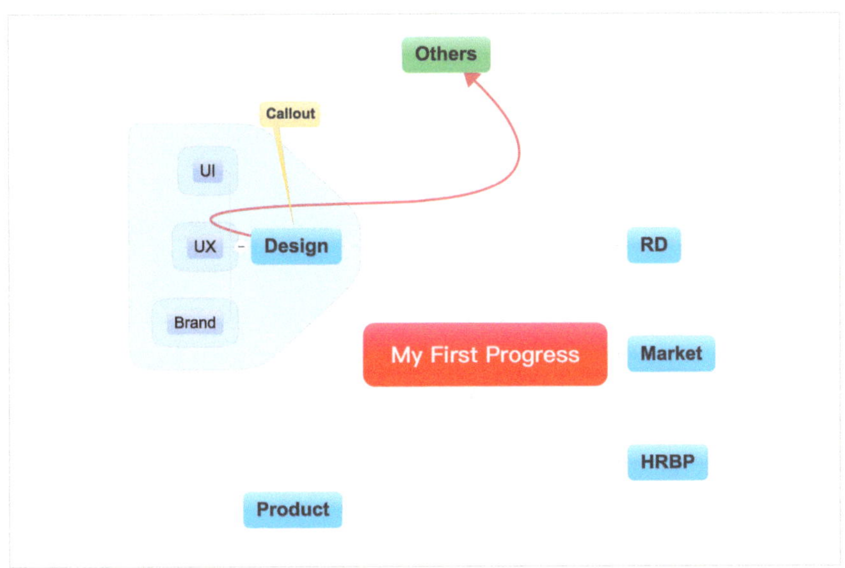

添加主题信息的可视化关系

▪ 第5步 导图检查与保存

最终检查导图内容的拼写、导图中的链接及编辑导图属性，并保存导图。

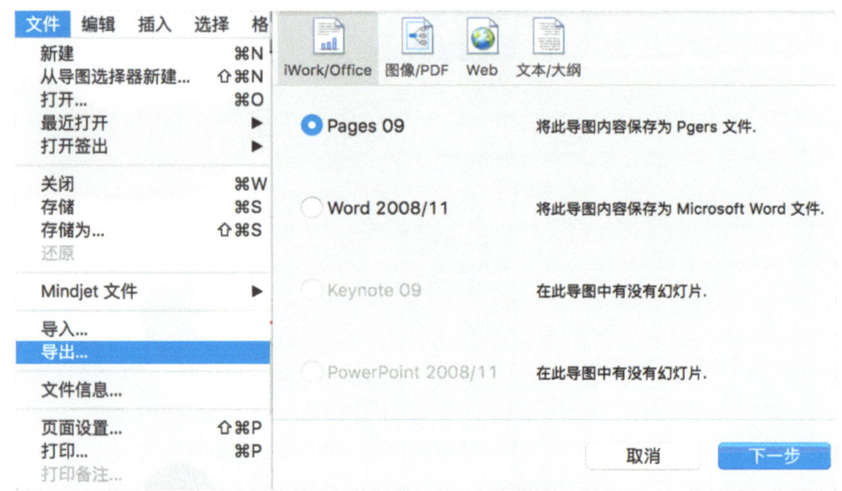

导出图片

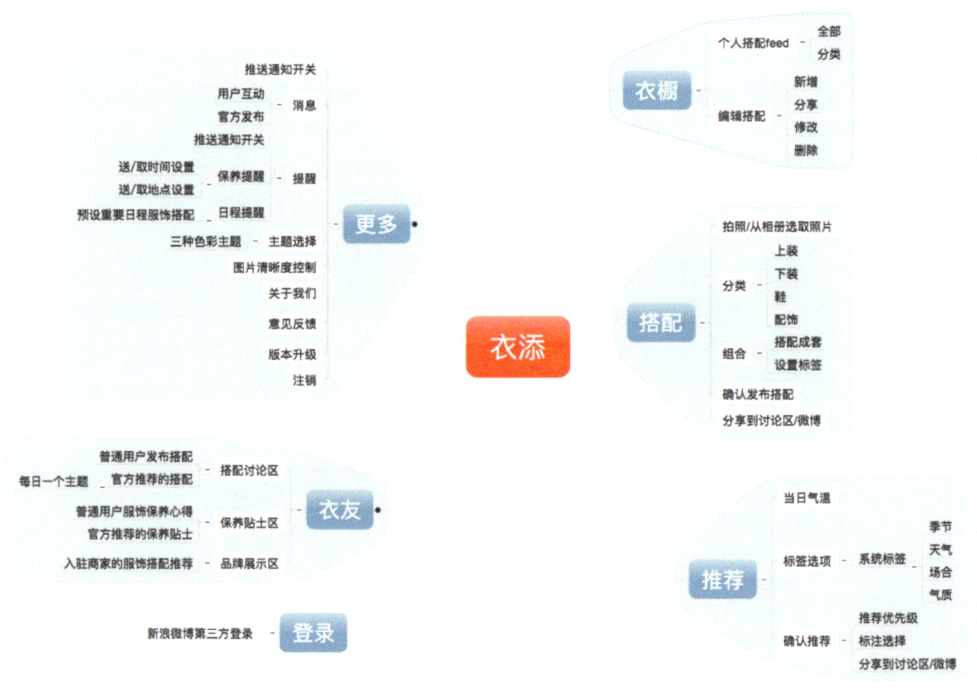

最终成果：“衣添”应用的信息架构图

02 为体验而生的产品设计

如果说对于需求的验证和重构提供了产品概念化的第一步，那么真正意义上促使产品成“型”的便是原型和交互设计。经由概念设计后，产品的功能和亮点获得了充分的可执行性，在此基础上，我们需要让产品真正可视化起来，并赋予其可供流畅使用和简便操作的合理性，即令其“用户体验化”。好的产品，除了具备明确的需求与清晰的结构外，也需有强烈的“温度”，即用户对其良好的使用体验。如果只是简单地将概念设计阶段的功能需求一股脑儿地堆砌成一款产品，那么它极有可能将成为一款臃肿、琐碎而缺乏人情味的难用的应用。易用性和趣味性之所以被视作产品的灵魂，是因为从抽象的产品到具象的产品之间，原型和交互设计发挥着1+1>2的关键作用，这足以显示原型和交互设计对于产品设计而言的重要性。

2.1 草图是产品可视化的第一步

在如今的移动产品设计行业中，越来越多的人意识到草图对于原型设计工作起到的基础性作用，它是整个设计流程的起始端，也能帮助设计师更直观地理解产品和触摸产品。我们总说产品是有“温度”的，可在实际的工作中，真正动笔去绘制草图的人并不多，又遑论如何感知、甚至制造这一种“温度”呢?

在日趋智能化的办公环境中，开展原型设计几乎成了计算机等智能终端的“专利”。不容置辩，用科技代替人工进行这一工作，在多数时候是准确而高效的，但从具象的可视化转换效果而言，这并非最佳的解决路径。当我们试图将移动应用的布局“落地”时，面对直观的功能流程与由前后逻辑缀连起的情景脚本设计，亲自动手其实是更为直接而有力的办法，它不仅易于你集中注意力“进入”产品本身，并可以帮助你尽快发现和解决问题，也不会令你因分神于各类智能工具软件而构成包括逻辑漏洞等在内的潜在设计隐患。

草图

2.1.1 如何绘制草图

我们总能在生活中遇见这样的场景：你想要询问一个胡同里的酒吧怎么走，在语言描述显得无力时，对方总会手忙脚乱地掏出纸、笔，用画的方式为你比划出前往的路径。不知你是否会注意到对方在为你“绘制”路线时的情绪与状态？对于现实中的各类演示而言，绘制草图总是沟通无解时的一剂良药，也是最为随意和高效的一种信息呈现方式。在移动产品设计领域中亦是如此，草图便是一种原始的原型设计。通过批注、说明及简易的流程线框图，构成原型设计最基础的工作，这种基础将帮助创作者将产品可视化的基础框架展现出来，并能以其为蓝本，与视觉设计师、技术研发人员、市场营销人员等团队其他成员进行沟通、反馈并确认，然后展开执行。

因而，通常在正式开始进行原型及交互设计之前，我们都会在纸上绘制原型草图，对功能点和交互元素进行梳理，在必要的情况下结合相关辅助软件将想法快速可视化。接下来，我们通过“衣添”应用中“侧边抽屉式导航”这一简单功能为例，对原型草图的绘制流程进行呈现。

1. 工具

绘制原型草图的工具一般需要带有网点或网格的绘图纸、绘图形状模具、铅笔、橡皮擦以及尺子等。

绘制原型草图的基本工具

2. 绘制

根据功能需求描述，我们可以在纸上绘制大致的原型框架，尤其需交代清楚按钮位置、元素属性以及其他相关功能点，并以批注或说明形式加以界定。

以“衣添”应用中的搭配界面为例，首先用尺子划分好页面区域：Title Bar、Status Bar以及内容详情区域等，然后根据页面功能，绘制相关元素。在搭配界面中，Feed信息以卡片的形式进行展示，每一张卡片中包含“搭配图片”“搭配标签”和相关操作。所以在绘制原型草图时，我们需要明确元素间的关系并进行合理布局，将功能诉求点通过最简单、最直观的方式进行可视化。

“衣添”应用部分草图原型及其批注说明，从左往右依次为：搭配展示界面、侧边导航展示界面、推荐界面

3. 注意事项

- **草图不等于绘画**

从视觉效果上看，草图与绘画作品之间有着天壤之别，即便是再精致的草图，也

不能称其为绘画作品，因而，在绘制草图时，“好看”不是第一位的，“清晰”才最关键的。从草图发挥的作用上看，它反映的是一种直观的设计思维，主要用以解决需求的呈现问题，因而，它是处在变化中的，“涂改”是绘制的必要的元素，“调整”是绘制时应有的技巧。不要过于侧重草图在审美上的效果，试着将其当作信息的另一种组织形式，映入眼帘的是什么？细节如何体现？逻辑是否正确？这才是草图真正的作用。

- **不要忽略批注和说明**

可以说，图形元素在草图阶段只是辅助性的一种描述方式，甚至能将这种描述方式调适的过程加以展现。画错了没事，画凌乱了没事，关键是将绘制过程中确立的范例内容进行清晰的界定，这时候，图框旁的批注框与说明框便发挥了十分重要的作用。毕竟，图形的释义是较为模糊的，而文字对此的锚定作用却是强烈而有力的。

- **把故事讲明白**

切记，不要仅把绘制的目光投射在单个界面上，而要结合上下文的情景，在动态的环境中构思和绘制草图。“场景性”对于应用产品设计而言十分重要，因此，在草图绘制中也要进一步考虑到产品使用的环境，对应用环境进行粗略的勾勒，试图描摹出较为清晰的交互方式和操作路径，让产品的故事性更完整和明晰，也更有助于其他创作人员形象地理解产品逻辑。

2.1.2 让草图“动”起来

上文中提到应用的“场景性”，需结合上下文情景考虑到产品的动态变化与操作过程，这就意味着“静态”的草图是不够的，如何让你的草图“动”起来是需要进一步设想的问题。

动画软件POP

这里向大家介绍一款移动端的原型草图绘制辅助工具，在完成对静态草图的绘制后，为了能更好地表达页面间的关系，我们可以使用原型动画软件POP来创建简单的交互动画。

■ 软件介绍

POP（Prototyping on paper）是创业公司Woomoo推出的一款工具应用。它能够实现纸上原型交互流程动态化的过程，借助虚拟的纸和笔做设计草图，迅速地把你的想法变成一个可以看得见的“毛坯”。操作上也较为简易，只需用手机拍下草图手稿，在应用内设计好链接区域，便能立即生成可互动的Prototype。

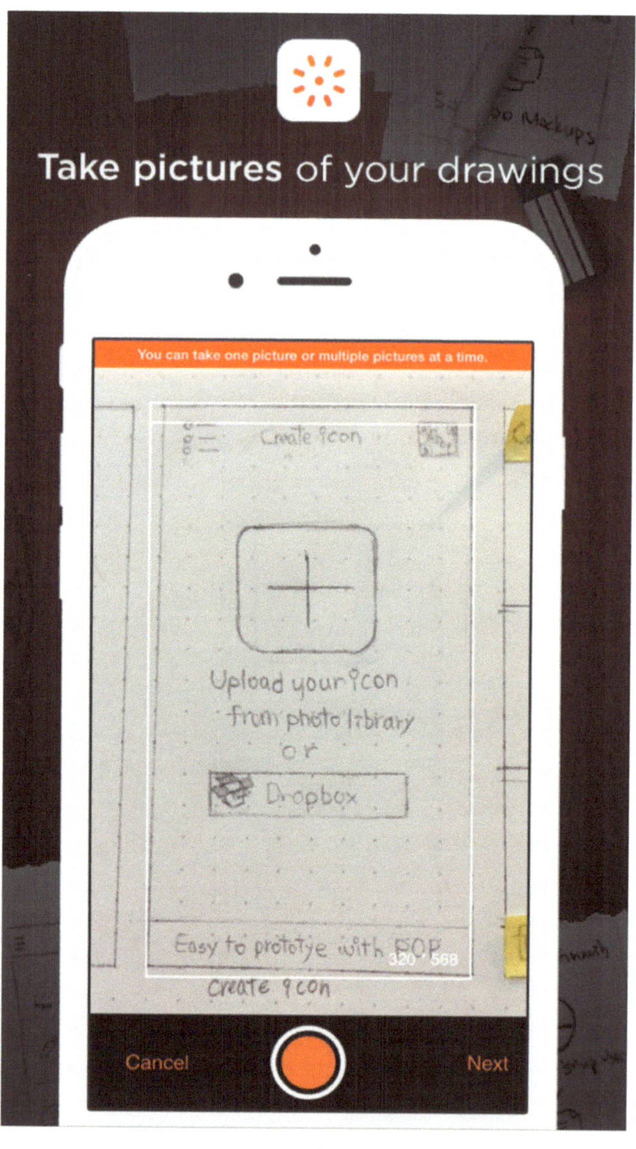

POP应用产品界面

■ **使用方法**

（1）打开POP应用，并添加相关项目。

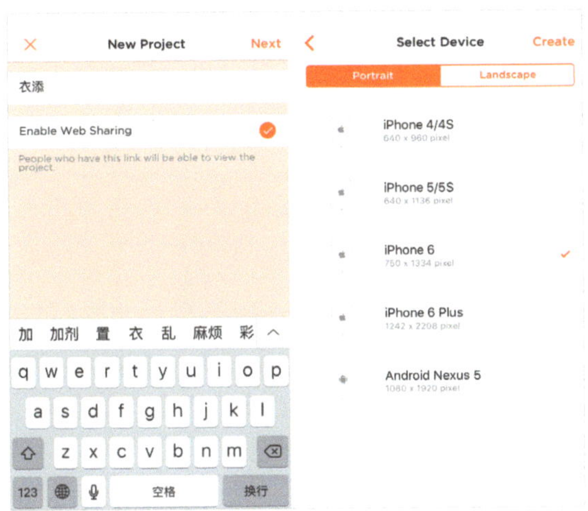

添加项目名称并选择设备类型

（2）将之前绘制完毕的原型草图导入POP应用内，在草图界面中点击需要操作的区域并添加相应的跳转链接。

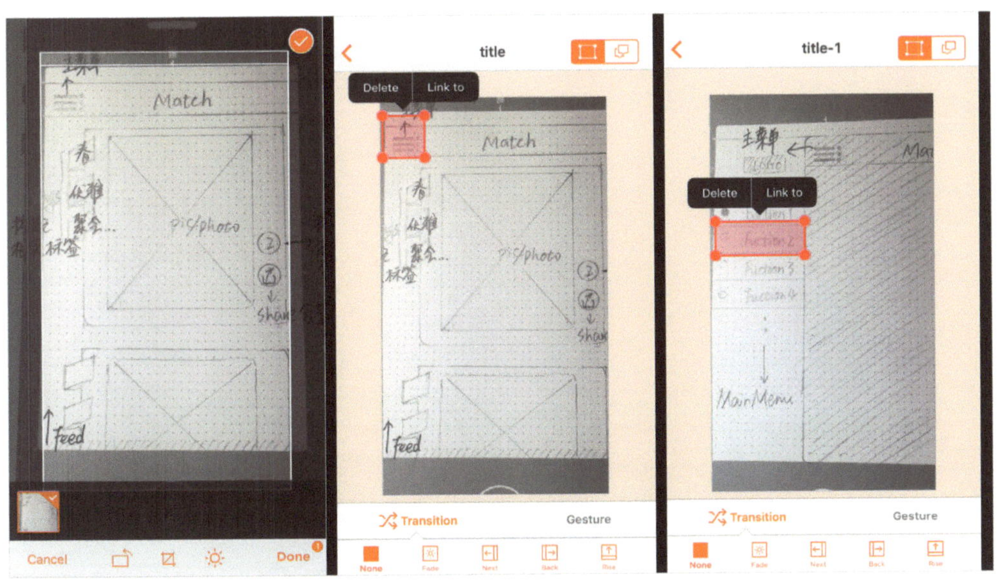

导入原型草图并添加链接区域

（3）点击Play按钮，原型草图便会依照设置好的跳转逻辑开始演示。如发生错误，可返回进行调试。操作完毕后可一键分享至各种社交网站、电子邮箱，以供保存及备案。

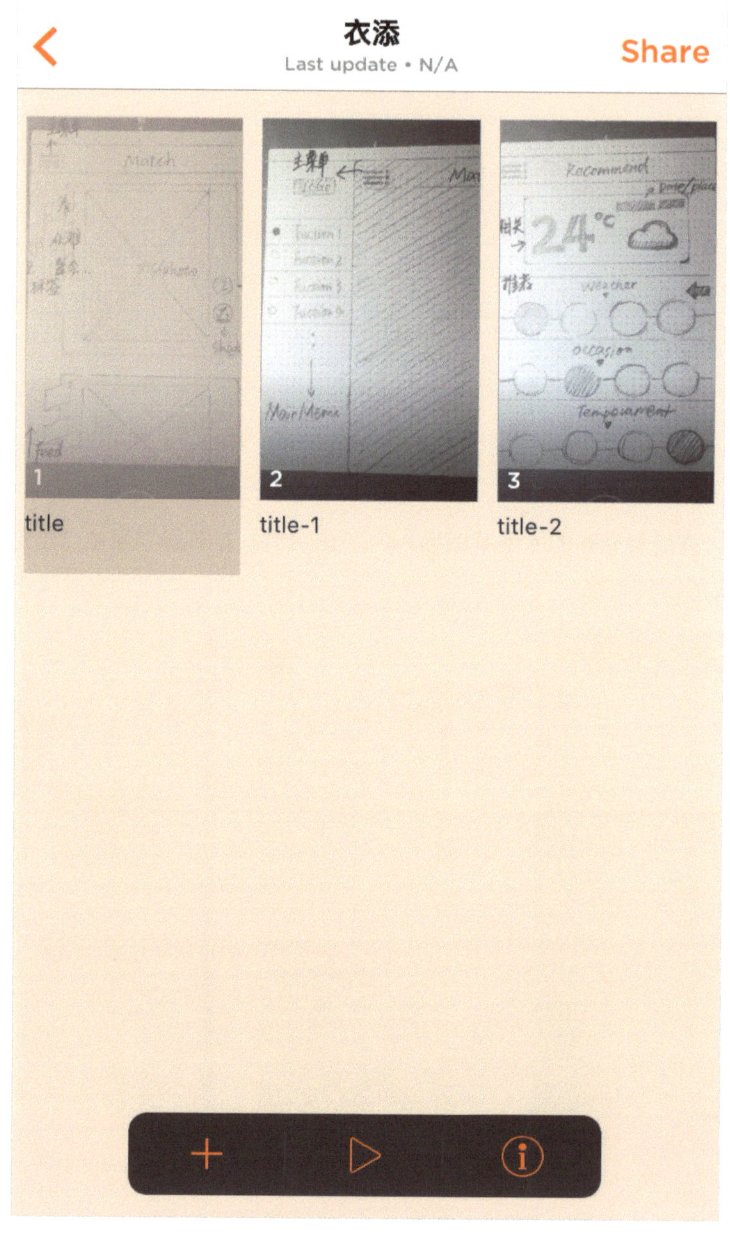

原型草图的动态演示

2.2 系统性开展原型设计

原型设计，是系统性传达产品概念最为重要的可视化过程之一。上文中所述的草图也是为正式的原型设计所做出的储备与积累。通过原型设计，产品的主导方向在真正意义上得以确立，所形成的设计文本也将能与视觉设计师、技术研发人员紧密配合，进入到项目的实际执行阶段。这足以显示出原型设计工作的重要性。

在这一阶段中，需求被系统化、科学化地转化为界面原型，需要产品设计师对这一转化过程加以着重关注。当然，不同的团队对原型设计的理解有所差异，交付物的形式也各有不同，但总体上对原型设计的要求是相近的，在本节中，我们将对此进行讲解。

2.2.1 工具的选择与使用

我们在开始原型设计之前，一定会面临选择何种工具的困扰，尤其在这个原型设计工具品种繁多的移动互联网时代。可以说，目前市场上既有的原型设计工具多达数百种，其功能与操作特色也各异。严格地说，原型设计的目的是为了快速验证产品概念，在整个产品开发的流程早期发现问题并解决问题，因此选择何种工具并不起决定性作用，但是选择合理、适宜的工具进行原型设计能够提高工作效率，增加原型所包含的信息量，有效强化团队成员之间通过原型进行沟通的效果。

从原型设计的普遍性需求来看，这些工具大多具备以下共性特征：支持跨屏演示（移动端或PC端）；包含丰富组件库；快速生成交互逻辑与全局布局；支持在线协作等。当然，选择何种原型工具并不是最关键的，最关键的是这款工具能否匹配你的操作习惯与完整展示你的产品主导方向。工具之间并不存在绝对的优劣问题，只存在是否能令使用者用得顺手的问题。因此，在挑选原型工具时无需盲目追随行业内流行观念的步伐。在这里，我们从使用的广泛性和操作的易用性两个维度入手，向产品设计师（尤其是初学者）介绍以下几款原型设计工具。

1. Axure RP

Axure RP 是一款专业的快速原型设计工具，也是目前产品设计领域使用最广泛的工具之一。

Axure RP主要用于定义应用产品的需求与规格，以及创建并设计界面线框图、流程图、交互页面和相关规格说明文档。作为一款较为专业的原型设计工具，它能够快速、高效地进行原型设计，并支持多人协作开发和版本控制管理。如果原型设计阶段的主要诉求在于原型架构、交互演示及其他相关交互细节等方面，Axure RP是一种不错的选择。在目前主流的产品设计领域，Axure RP已成为最重要的一款辅助产品设计的工具，面向的使用对象包括信息架构师、产品经理、用户体验设计师、交互设计师、界面设计师、商业分析师、程序开发工程师等。

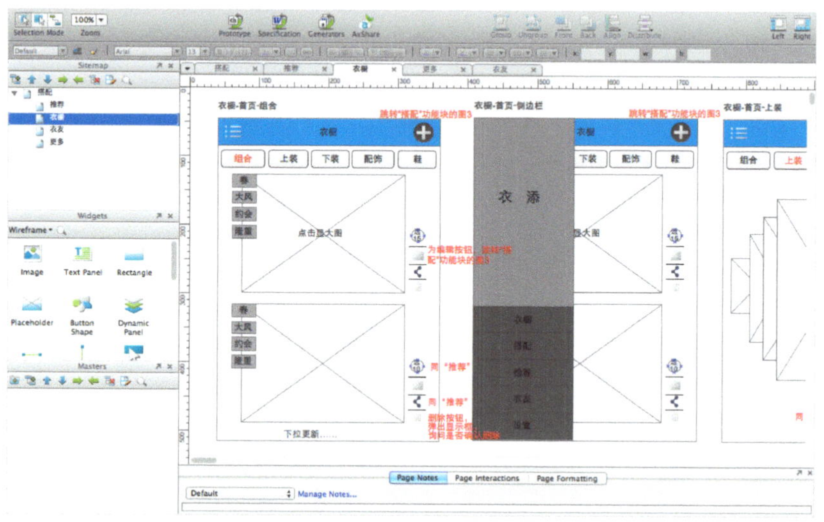

Axure RP的操作界面

Axure RP的可视化工作环境可以帮助产品设计师快速创建线框图和原型，并高效地分析需求、验证设计并传达给所有产品创作参与者，确保在有限的项目开发时间与资源下，开发出有用和易用的应用产品。目前7.0版本中增加了一些新功能以更人性化地支持原型设计工作：支持更多鼠标与键盘交互功能，支持HTML5演示、新增部件样式控制（如圆角、阴影、描边等），支持更多有利于移动互联网产品原型设计的交互条件（如设置锚点、更为灵活的事件触发条件等）。

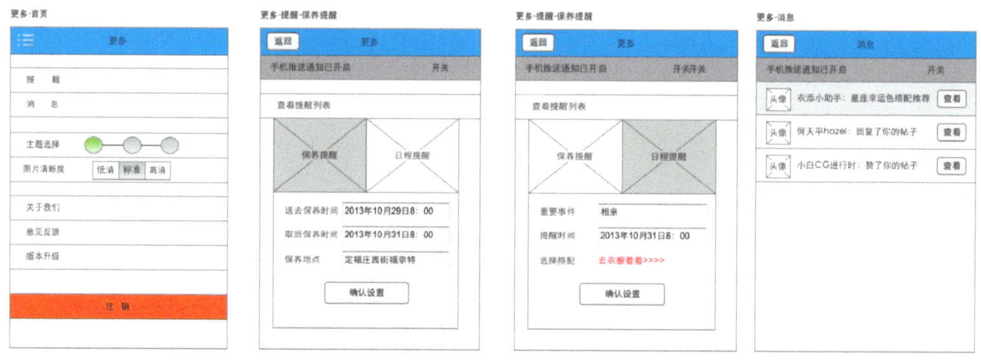

Axure RP为“衣添”应用的原型设计工具，此图为“衣添”应用“更多”功能模块的主要原型界面

对于多数产品设计初学者而言，Axure RP是一款容易上手的工具。它不仅能够节省在收集与沟通需求上的时间与成本，也大大减少了调整需求时潜在的重复工作。此外，Axure RP 也能快速创建带注释的线框图文件，并依据所设置的时间周期自动保存相关文档。在不写任何 HTML 与 JavaScript 语句的情况下，Axure RP可以通过创建的文档及相关条件和注释，一键生成 HTML 原型演示。此外，根据设计稿还可一键导出Word 版本的原型设计文档，这些“人情化”的操作都为原型设计提供了更多便利。

2. Balsamiq Mockups

作为一款原型设计软件，Balsamiq Mockups最突出的优势是表现形式十分丰富，用这款工具创建的原型图皆是手绘风格的图像，看上去十分美观且清爽。

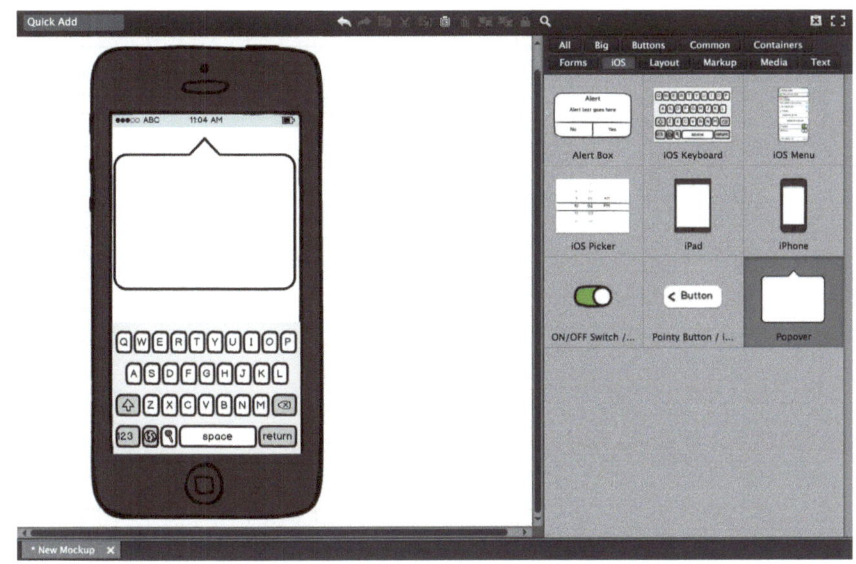

Balsamiq Mockups的操作界面

这款原型设计工具在制作产品概念图、传达产品设计理念、规划产品基本格局等方面具有天然的优势，清新的手绘风格也更有助于我们对产品形象的理解和接受。它具有非常庞大的控件原型库，包括各式按钮、文本框、下拉菜单、树形菜单、进度条、多选项卡、日历控件、颜色控件、表格、窗体等，尤其为当前的iOS端移动产品的设计提供了丰富的适配原型元素，这也为iOS端移动产品的开发提供了便捷性。

当然，Balsamiq Mockups的优势仍在线框图和原型的绘制上，尤其是它所提供的多数控件都能够定制外观，也有着对中文环境不错的支持。而这款工具的劣势在于它不太适用于具有交互性质的原型设计。

3. Omni Graffle

Omni Graffle是由The Omni Group制作的一款绘图软件，提供大量模板用以快速绘制线框图、流程图、组织架构图及其他各类产品用图。这款工具在功能特质上兼具Axure RP和Balsamiq Mockups的优点，但只能用于Mac OS X和iPad等相关苹果系终端上。

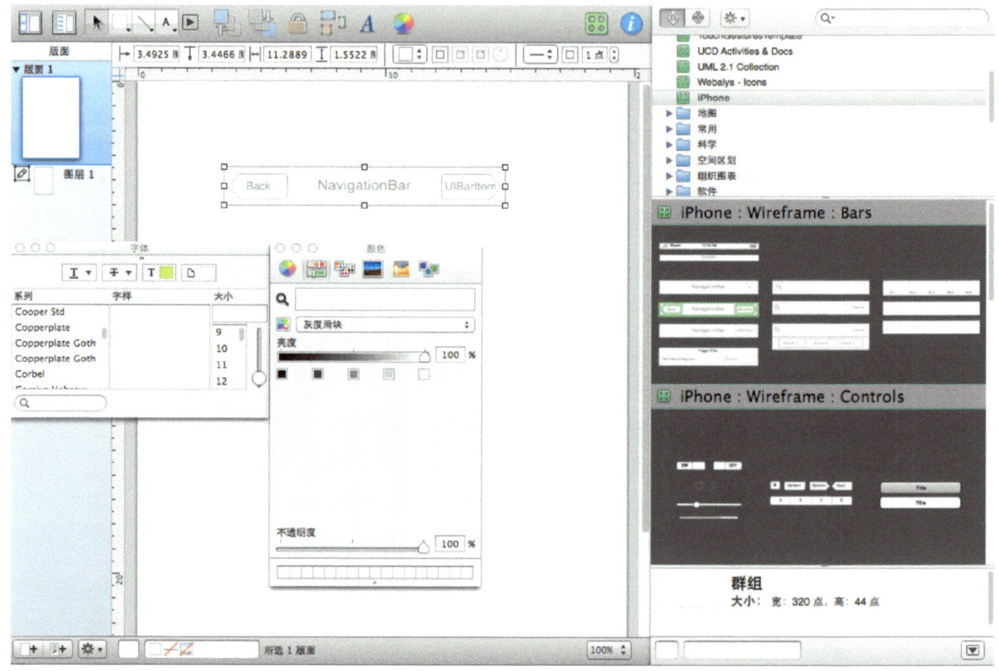

Omni Graffle的操作界面

Omni Graffle具有采用拖放的“所见即所得”界面。所谓的Stencils，即一组用于拖放的形状，可以作为Omni Graffle的插件使用，用户也可以创建自定义的Stencils。在使用过程中，用户不仅可以用工具自带Graffletopia提供的多个移动界面模板，在此基础上进行原型绘制，也可以用钢笔工具绘制自定义模板或图形，操作弹性比较大。

4. Sketch

上述的3种工具，在当前的移动互联网产品设计领域使用已经非常广泛。在这里，我们为大家着重介绍一款完全为移动端产品设计而生的工具——Sketch。这款工具不仅可以绘制高、低保真的移动端原型图，还可以作为交互文档和视觉设计说明文档进行输出，甚至可以直接在其中绘制图标、视觉设计初稿以及切图输出。Sketch界面简洁直观、功能丰富强大，分层的操作概念也更为契合当前移动产品设计的习惯，在面向复杂界面的设计时，这一工具带来的明晰的图层分组能使得原型元素的控件管理更为便捷。各类控件的运用不仅使得重复内容的调用更简化，也能大大减少产品原型后续调适的工作量。在国外，Sketch已有“匹敌” Photoshop和Axure RP的趋势，如今在国内的移动互联网产品设计界也正在被广泛应用。

较之Photoshop这一强大的工具，Sketch软件的大小只有50MB左右，而Photoshop的大小则一般在1GB以上，相比之下，Sketch更为“轻便”且不消耗电脑更多的内存。此外，Sketch区别于Photoshop最显著的特征是前者加入了“画板”这个概念（当然，需要说明的是，Adobe更新的Photoshop CC 2015中已经增加了画板属性，以及专门为移动界面设计所制定的工作空间）。

对于这样一款工具，我们可以对其在原型和交互设计过程中的基本操作方法做出简单阐释。

■ 软件模块介绍

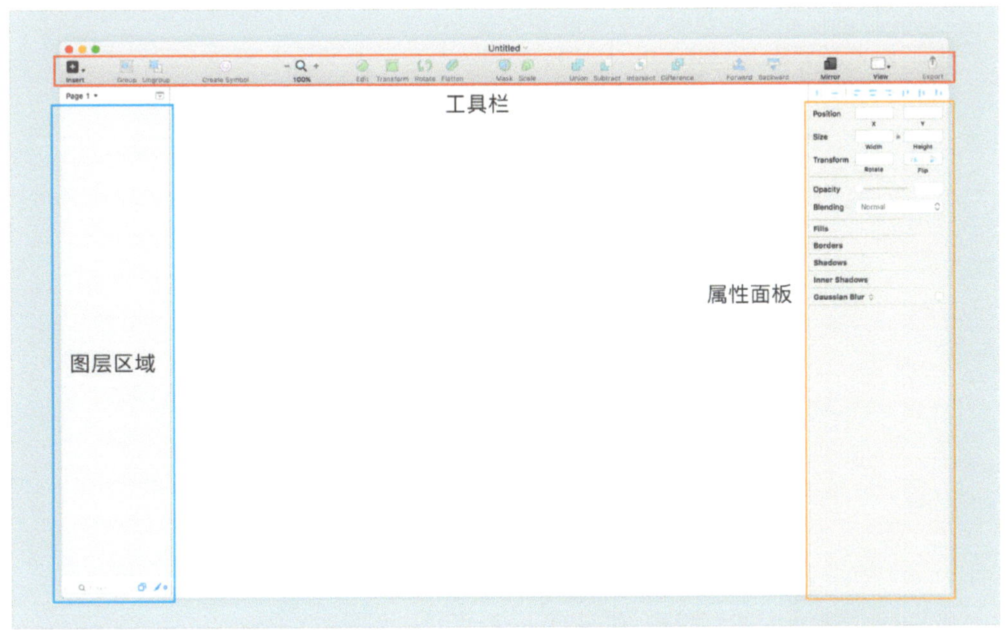

Sketch的软件界面

Sketch的基础模块划分：顶部工具栏、左侧图层区域、右侧属性面板及中间空白区域的无限画板（编辑区域）。

工具栏：主要包含各类作用于对象元素的工具。默认工具栏里有编辑、旋转、形变、布尔运算等。相比于Photoshop，Sketch的工具更倾向于界面设计中常用的工具。

图层区域：主要用以排列图层。我们可在这里添加不同的工作场景，每个场景里也可以包含不同的画板，这样我们便能在不同场景的设计需求中快速切换，可以极大提高原型及交互设计的效率。

属性面板：当我们选中画板中的某一个图形时，右侧便会出现与选中对象相关的可实时编辑的属性信息，默认属性中包括位置、尺寸以及颜色等相关元素。

- **绘制原型界面**

Sketch不仅可用于界面的视觉设计，很多交互设计师如今也开始广泛采用Sketch进行原型及交互设计的绘制。选择Sketch设计交互原型的原因有很多，除了轻便易用、学习门槛较低以外，它还有令设计流程更为高效的优势。如果交互设计师与视觉设计师都使用Sketch进行工作，那么在交互部分与视觉部分进行工作交接时就会十分方便。

（1）选择左上角的“Insert”（插入）给空白Canvas添加一个“Artboard”（画板），快捷键为A。

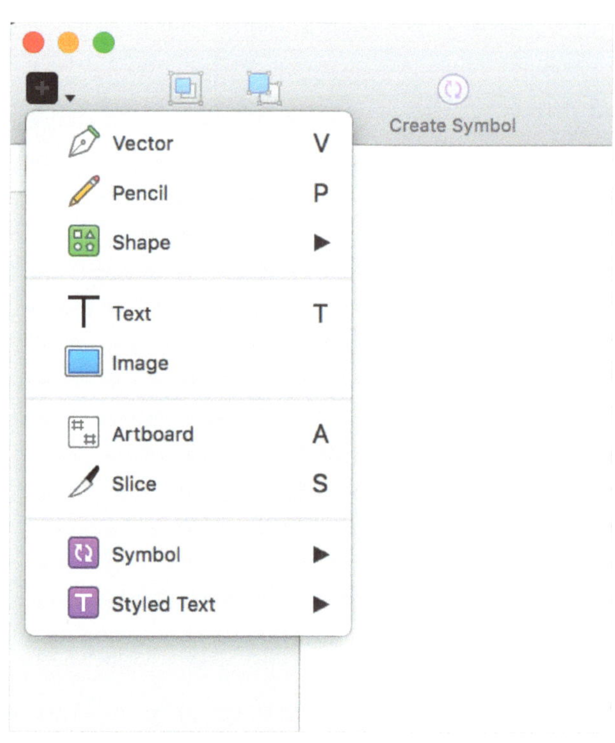

添加画板

（2）选择添加画板后，右侧属性栏就会显示一些常用界面尺寸供以选择。

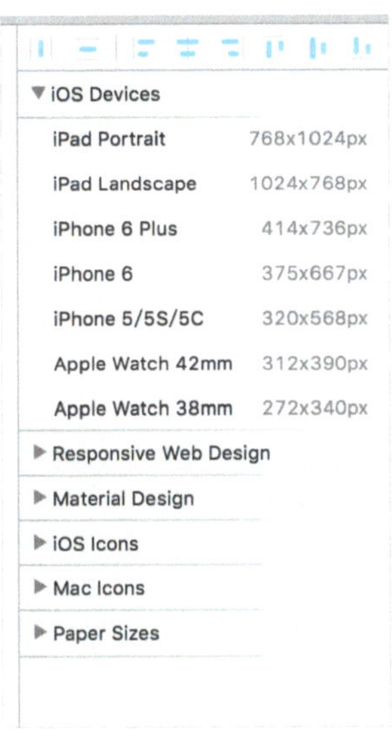

常用界面尺寸的选择

（3）可以看到添加画布成功，在Sketch中，我们还可以同时添加多个画板，并进行排列，这样有助于对设计页面进行更好地管理和分类。

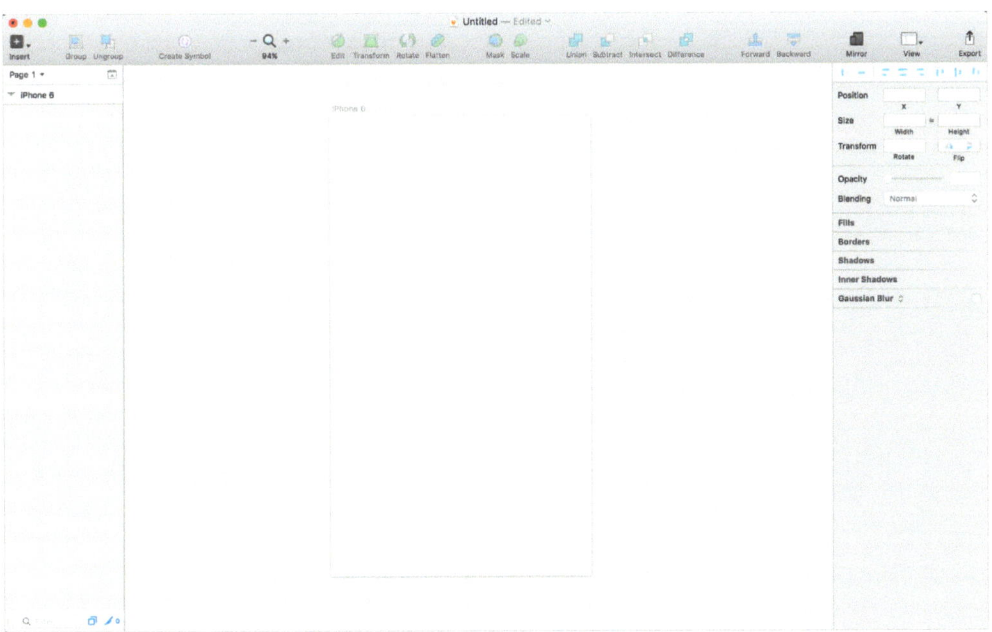

添加多个画板

（4）执行“View”→“Customize ToolBar”→“Make Grid”菜单命令，在弹出的会话框里输入我们需要添加的画板的横向与纵向的数值，便能形成所需数量的画板群组。

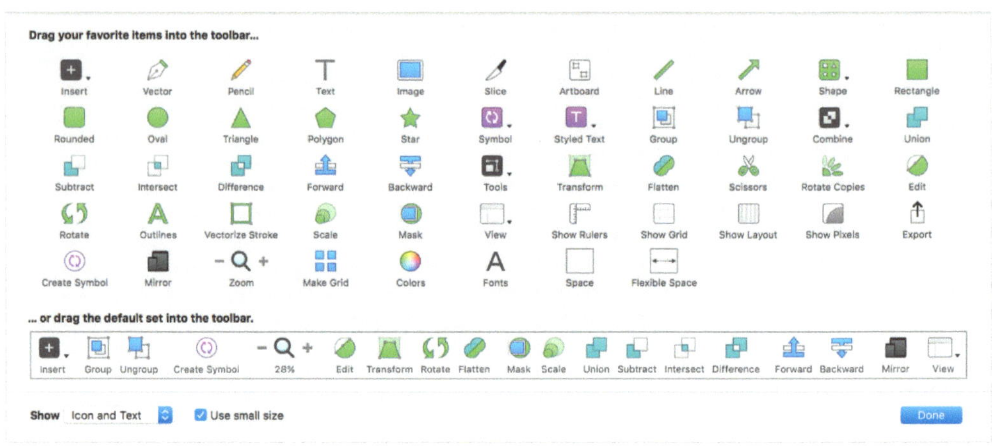

形成画板群组

（5）可以看到添加画板群组后的效果，再用同样的方法在画板内绘制元素。我们可通过右侧属性栏来修改和调整元素对象的相关属性。开始绘制原型时用同样的方法，向画板添加图形、文字、图片等信息，然后在属性面板中调整这些元素以达到我们预期的效果。

画板群组效果示意图

（6）例如，在画板中创建一个矩形。

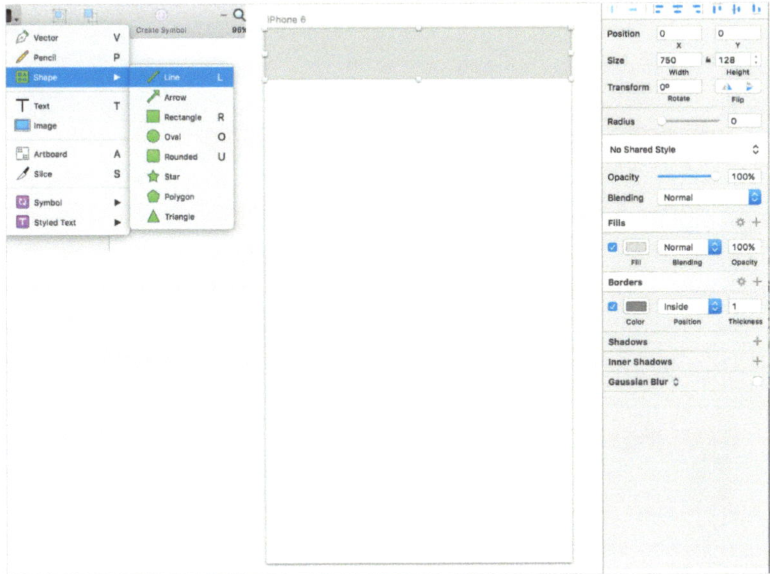

创建矩形

（7）做出简单的原型框架。

制作简单的原型框架

（8）最后，我们在画板以外的区域添加箭头以及相关页面的交互说明。下图为利用Sketch设计的完整原型案例。

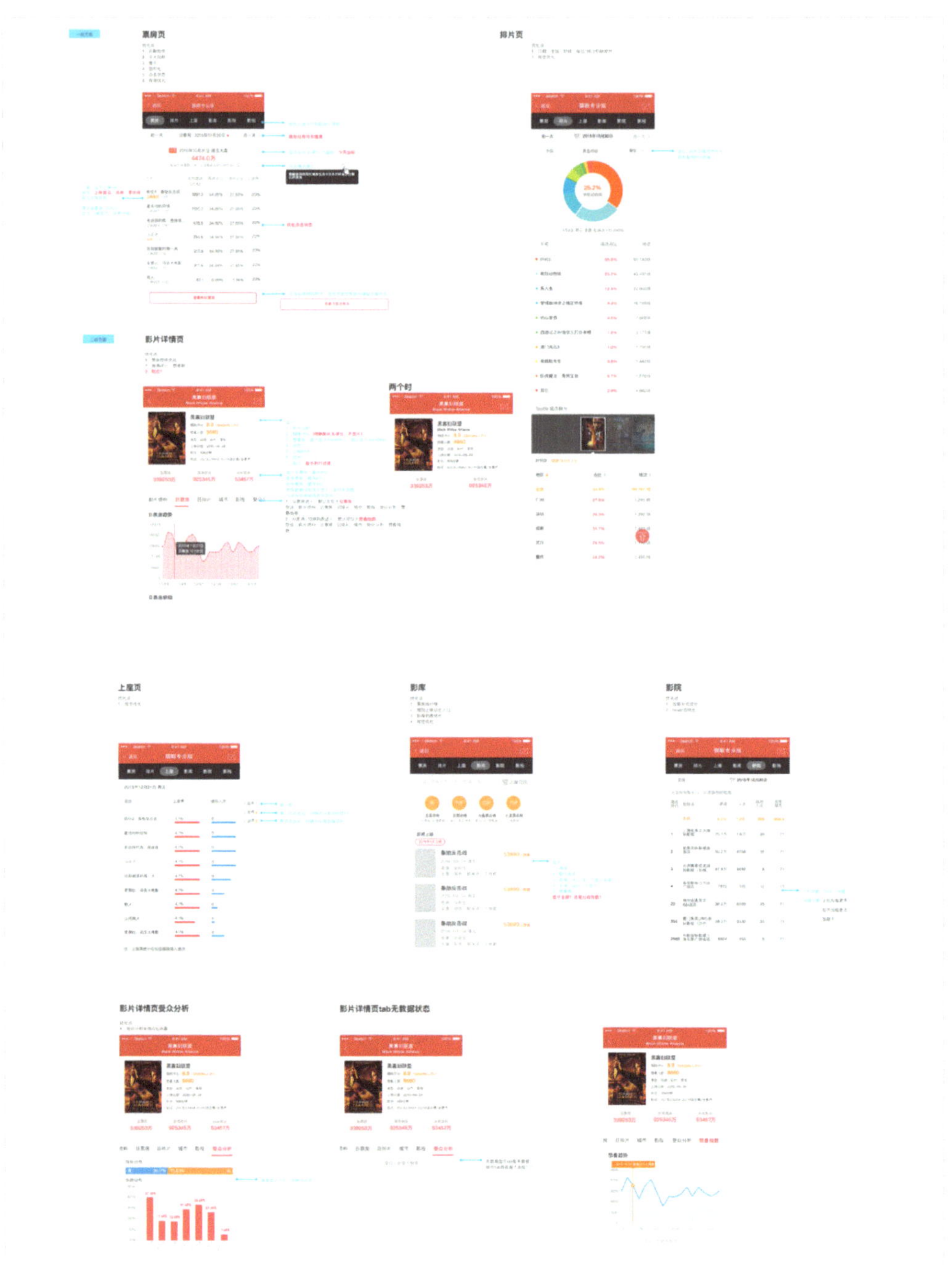

完整的原型案例效果示意图

（9）导出。导出一般有两种方法：一种是以画板为单位导出多张图片；另外一种是导出PDF，里面包含所有的原型界面。选择File菜单下Export.../Export Artboard to PDF进行导出。

导出文件

2.2.2 如何开展原型设计

一般而言，原型设计大体可以划分为以下5个工作阶段。

- **敏捷分析**

敏捷分析基于前期开展需求调研与信息架构，迅速确定功能的优先级与展现形式，根据明确的功能与交互特征描述以满足原型设计的需要，必要时应结合草图形式加以配合分析。

- **结构原型**

结构原型建立在敏捷分析的基础上，通过界面可视化的形式实现一个可行的系统构造。这里需要强有力的工具软件的辅助支持，并在一定程度上“抓大放小”，可忽略最终系统在某些细节上的要求，如安全性、兼容性、特殊操作等，主要对原型系统能够充分反映所要评价的特性进行充分考虑，将次要内容与元素暂时搁置。

- **运行原型**

运动原型主要是对结构完成的原型进行问题发现、筛选，并及时解决相关问题，属于对原型设计工作的“自我审核”。

- **测试/评价原型**

测试/评价原型是在运行原型的基础上，考察对原型功能特性的评价，测试原型运行效果是否满足用户的使用诉求，纠正在原型和交互逻辑中可能存在的误差与问题，增补或删减需求，并满足因场景变化或用户的新想法所引起的系统要求变动，提出全面的调适意见。这一阶段的工作需要有其他相关人员参与，如用户、团队其他产品创作人员等。

- **调适原型**

调适原型是依据测试/评价原型的结果进行原型的调整与修改。若原型未能满足需求说明的要求，说明尚有潜在的不一致的理解或不够合理的解决方案，需要根据明确的调适意见对原型加以修改。

从总体上而言，移动应用产品的原型与交互设计将为产品整体定调，并确立界面的风格感受与操作流程。我们以“衣添”应用设计中对部分功能界面的原型设计为例，阐释“衣添”应用在原型设计部分的主要创作思路，以及如何开展原型设计。

1. 导航的侧边栏设计

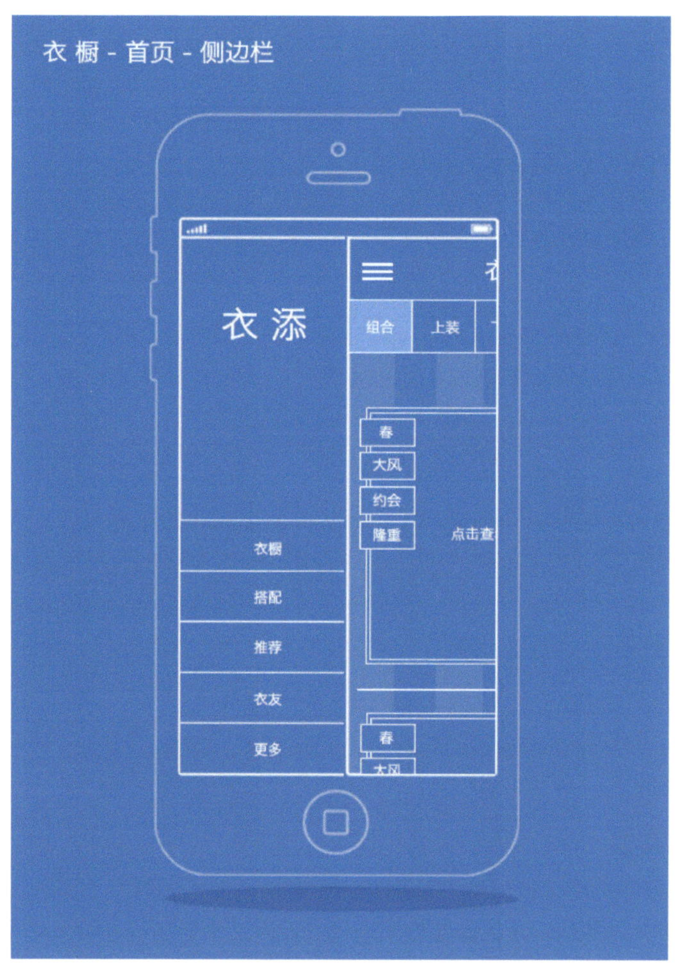

导航的侧边栏设计

依照功能按照优先级排序，“衣添”的产品架构大体可划分为5部分，分别是衣橱、搭配、推荐、衣友与更多。针对iOS平台应用导航部分的原型设计，主要有两种选择方式：其一为底部导航；其二为侧边栏导航。对于该应用而言，之所以最终选择侧边栏形式的导航设计，主要有3点考虑：其一，5个主要功能按键若置于底部，界面整体会显得较为拥挤，视觉冗余部分也会影响整体的注意力聚焦，反而削弱了每一部分、每一按键的功能作用；其二，作为一款以图片聚拢为主的生活类移动应用，诸多界面会涉及图片流的设计布局，大量图片在展示中，若底部导航不隐藏起来会占用较大的不必要空间；其三，侧边栏的导航设计能够体现主要功能的优先级次序，较为重要的功能块置于前列，为用户的操作提供了一定程度的指引。

2. 人性化设计与操作流程的快捷通道

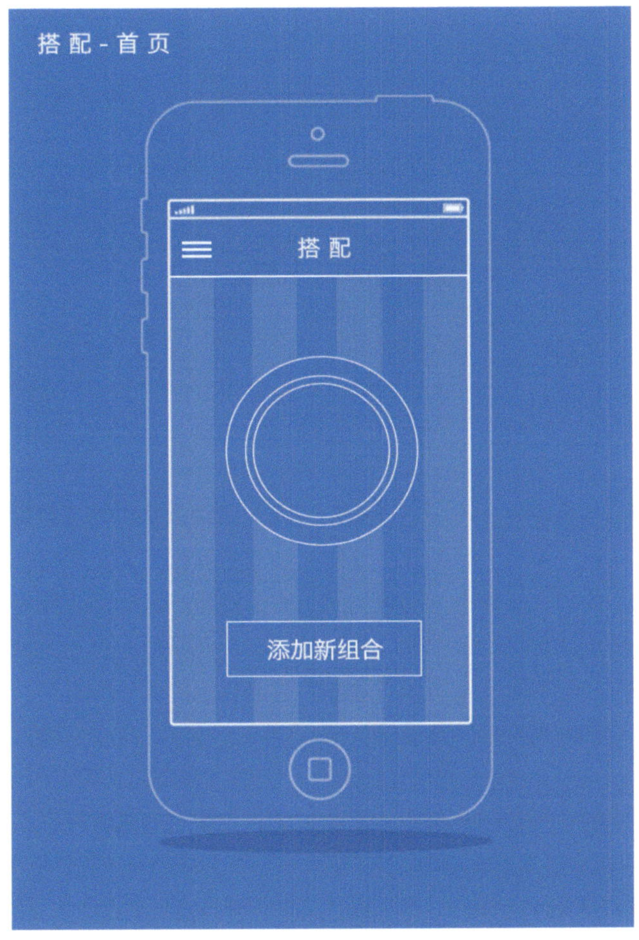

首页的原型设计

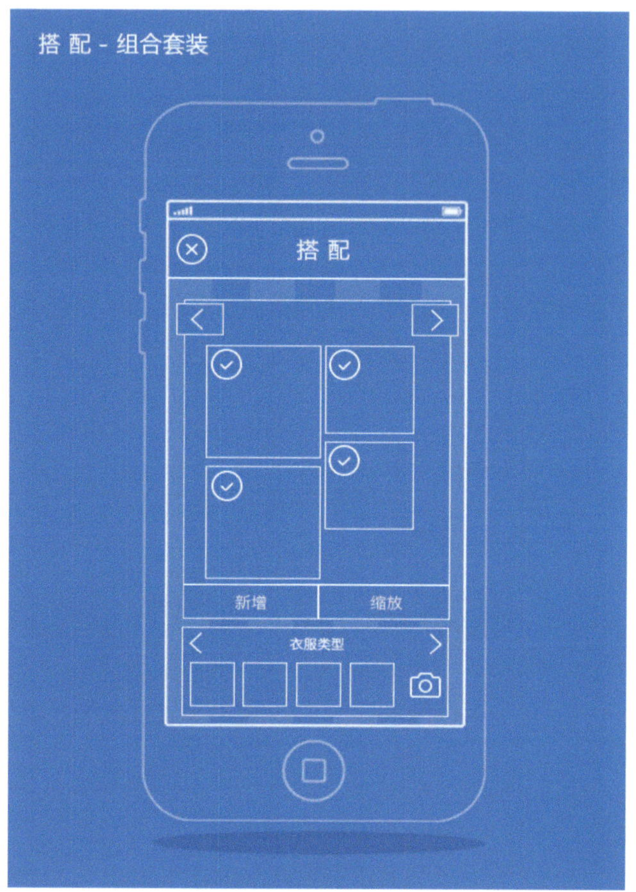

操作页的原型设计

作为该应用的核心功能之一，对于搭配功能的流程逻辑设计主要围绕着人性化进行考量，采用简约明晰、操作流畅的设计原则。如用户首次开启应用时，“衣橱”中既没有相应的服饰，用户对产品自身的功能特点也尚未知悉。因此，为完善这一细节，原型设计中将用户的首次开启默认选择在“搭配”这一功能界面，引导用户进行服饰的线上管理，而之后再打开应用时，都将以“衣橱”这一展示界面作为首页，既让用户通过浏览自己的“作品”获得满足感，又能够及时从中挑选搭配，感受“衣添”给自己带来的便利。

此外，搭配功能块的多路径操作，需要考虑用户使用的多种情况。当前的原型设计中，既能够让用户自主选择上传单品与添加新组合的先后次序，也能够让用户在搭配组合的同时随时进行单品上传的补充操作，进而保证任意路径的选择都能够指向用户最终的行动目标，尽可能周全与充分，并满足不同用户的使用习惯，搭建起一条操作流程的快捷通道。

3. 功能界面的易用设计

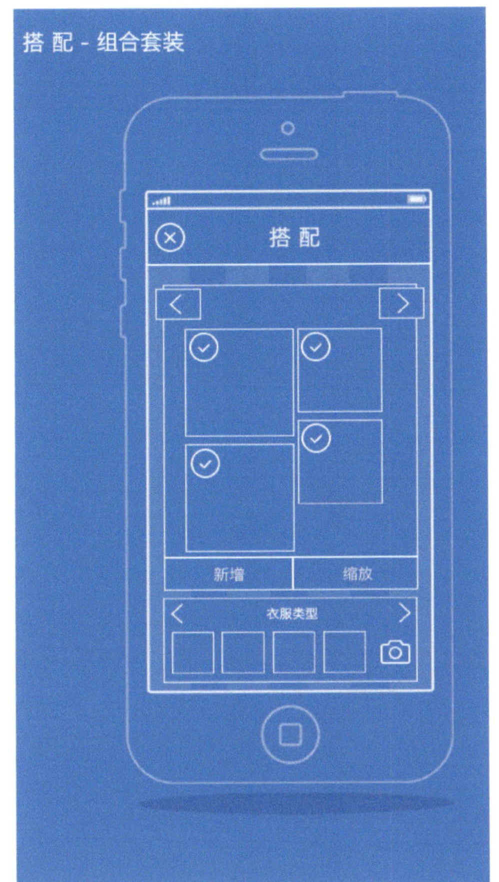

功能的易用性设计

简单易用的产品是获得良好用户体验的基础，多功能的产品必然带来操作的复杂性。对于原型的功能设计而言，其前提要点仍在于“易用度”。如何在iOS“扁平化”的信息层级下，避免给用户造成不必要的困扰，并能简单、明确地指引用户进行操作，也是需要充分加以考量的。例如，“搭配–组合套装”界面中，用户能从界面下部的长条滚动按钮中寻找相应的服饰类型，并选择需要搭配的单品，在操作界面中，用户可以按照图片类型移动应用的操作习惯，对单品进行缩放、拖曳、旋转和删除。诚然，这一界面内整体包含了较多的功能点，但经过原型优化使其呈现的按键数量合理、信息明确、操作流畅；再如“推荐”界面与“搭配”界面共同涉及的选择关键词标签一项，因为对系统关键词的设置较为全面，也由此产生了诸多选项，用户在选择时，能够通过左右滑动的操作，以最简单也最全面的方式浏览所有的备选关键词。

4. 图片流的原型设计

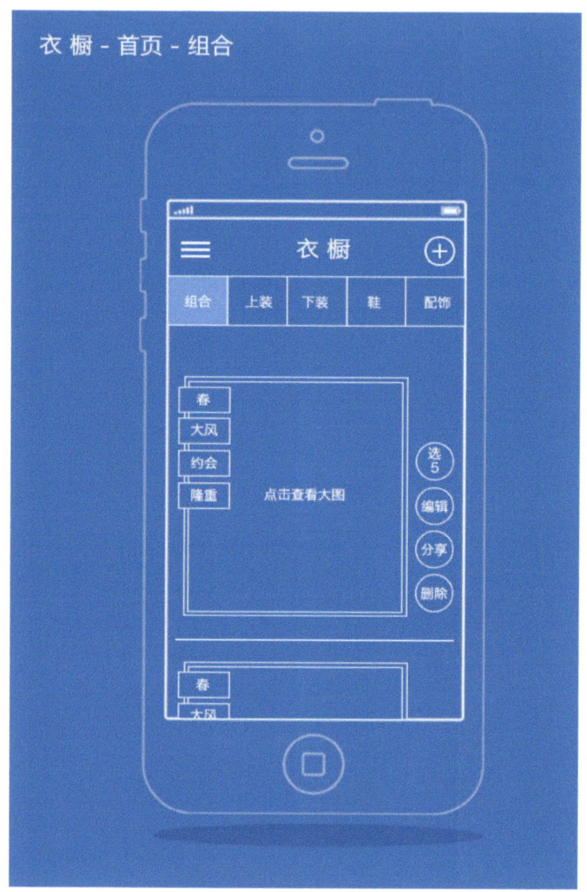

图片流的原型设计

“流”，最早是由Facebook提出的。所谓“流”，指的是以Timeline（时间轴）的形式呈现出流动的信息。Facebook最早发布的News Feed（信息流），一经推出便得到了用户体验设计领域的广泛认可，经过不断的演变，而后形成了以Pinterest（国外图片采集网站）为代表的一系列瀑布流式布局的产品。“瀑布流”的布局形式，主要体现是：在信息流的基础上，形成参差不齐的多栏布局，在随着界面向下滚动的过程，这种布局还会不断加载数据并实时附加至界面的底部。

当然，“流”的布局形式不仅指涉文字，也能够呈现图片，甚至是图文并列。

对于此款应用产品，用户在进行操作时需在“个人线上衣橱”中生成大量个人服饰单品与组合，它们均以图片的形式存在。因此，在图片的呈现效果上，“图片流”的布局效果会更佳，不仅能够按照用户上传或形成图片的时间顺序排列，也能更为清晰地浏览用户生成的每一张图片。当然，之所以在首版产品中没有使用“瀑布流”的布局设计，也有两方面的考虑：其一，第一版产品的用户操作不足以生成大量的图片；其二，因为服饰设计的特殊属性，瀑布流布局反而会使界面显得凌乱、芜杂（尤其在手机有限的屏幕内）。

在图片流的基础上，搭配组合图片的左右两侧会附上相应的“元信息”，这是针对图片流布局的深入设计。图片左侧呈现了用户为该套搭配选择的关键词标签，便于用户在浏览衣橱时便捷地捕捉每一套搭配的属性信息；图片右侧置放了3个功能性按钮，分别是选择、分享与删除，便于用户针对个人衣橱进行管理。

针对上文用户调研所重构的“目标用户容易对经常穿着的搭配更信任，选择率更高”这一需求，“衣添”也相应加入了这一情感化的细节设计——重视搭配的穿着频次。用户在选择组合图片右侧的“选择”按钮时，按钮颜色会由绿转红，数值增加一个单位，图片的排列顺序也会同时更新。因此，用户在选择相应的搭配作为当日出行的穿着后，该套搭配也在图片流的排序上得以优先，最终形成常选择的搭配置于图片流的前列，在时间轴的基础上依照选择次数从多到少再度排序。

5. 浮动Tab的细节设计

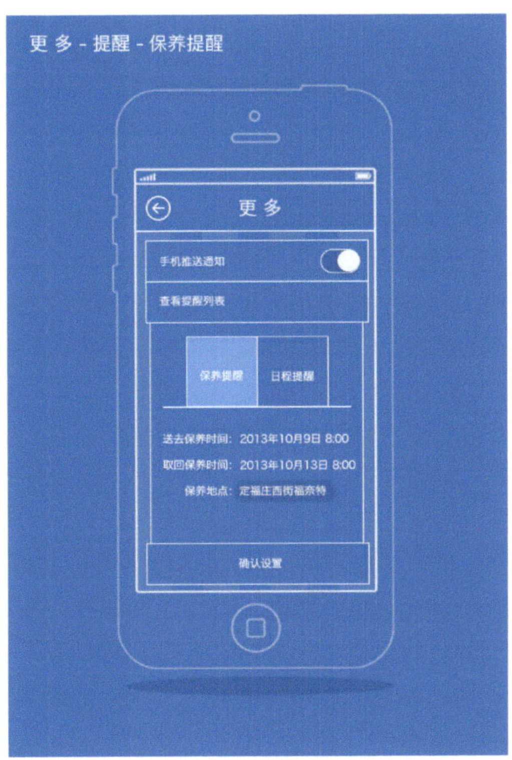

浮动Tab的细节设计（一）

浮动Tab的细节设计（二）

作为应用产品中功能优先级最弱的界面，“更多”这一功能界面虽然看似易被忽略，但其实也发挥着相当重要的作用。依照苹果官方对于iOS 7及以上的系统制定的设计规范，其中有3点最为核心的设计主题：依从、清晰、纵深。“依从”与“清晰”顾名思义，主要指产品的呈现要帮助用户对内容进行理解与互动，形式不与内容产生竞争关系，同时，任何图文内容都应清晰、易识别，含义精细且明确，装饰性要素要少而精，落点要聚焦于功能的实现。而“纵深”，主要传达了扁平化设计在压缩信息的层级时，也要保留功能与功能间一定的空间与距离，不让用户产生误理解、误操作，并有效提升用户使用的愉悦度。

这3个设计主题，可以说在此款应用的浮动Tab原型设计中都得到了体现。原本应在第三层级页面的“保养提醒”“约会提醒”被合并，并提升到第二层级，以尽可能地减少界面跳转。同时，两大块浮动的Tab，在视觉设计中会采取富有冲撞性的对比色，又在同一信息层级中进行了区分，让两个并列的功能点有所间隔。针对浮动Tab的点选操作，又全然符合“依从”“清晰”的设计主题。总体而言，提醒功能的浮动Tab操作所体现的用户体验设计，使界面更友好地支持了内容，在压缩信息层级的基础上，又能对内容的呈现有所裨益。

2.2.3 及时考虑原型的可用性

“可用性”一词通常是用来评价产品的重要指标，基于用户的视角来判断产品的有效性、易用性、容错性和满意度等相关水准。这一概念最早出现于20世纪80年代，是伴随计算机技术发展中人因工程学（Human Factors Engineering）的兴起而产生的概念，在1983年国际标准ISO 9241中对“可用性”的界定在于特定用户在特定的使用情境下，在使用某款产品时达到特定目标的效率、有效性和满意度。其中，效率（Efficiency）主要指用户在准确操作的前提下达成特定目标所消耗的相关资源量；有效性（Effectiveness）主要指用户达成特定目标的准确度和完成度；满意度（Satisfaction）主要指产品使用的情感状态（如舒适感、可接受度等），更为侧重用户的产品体验过程。

考虑原型的可用性对产品设计而言至关重要

发展至今，“可用性”也成为移动产品设计领域较为重要的一个参照指标，总体而言具有以下要求。

- **易用性参数**

易用性参数主要是用来评估用户界面是否具有明确、简约、流畅的操作逻辑和引导。不同产品的易用性有所不同，应通过相应的用户测试加以判定。

- **情感性参数**

情感性参数考察的是可用性能否与产品功能操作紧密联系。通过产品的功能操作，用户的诉求能否与产品的功能目标相匹配，用户的认知与行动之间是否连接畅通。

- **动态性参数**

动态性参数用来判断可用性是否会随着产品具体情境的变化而产生相应的变化，以契合产品在不同使用环境下对用户特定诉求的满足。

- **贯彻性参数**

贯彻性参数关注整个产品周期内的“可用性”，从产品设计伊始就应充分对可用性测试加以观照，如原型的可用性测试，尽可能及时、高效地对潜在的产品风险进行调整。

从以上要求可以看出，在开展产品设计的过程中，可用性并不是作为一种结果加以呈现的，而是贯穿整个产品周期的一种设计手段，它有助于产品在用户行为、界面易用性、用户期待、功能适配度等方面的及时“矫正”。因而，在原型设计阶段，我们应当重视可用性测试的作用。原型阶段的可用性测试，能够帮助我们在项目初期更好地对产品进行把握，如需求和功能设计合理性的问题、开发成本问题、用户体验优化问题等。

这一阶段的用户测试，主要是选择具有代表性的用户作为测试对象，通过测试他们对原型使用后的目标达成度，并记录其操作行为及陈述反馈，来完成可用性测试。我们可以选择第三方专业机构进行操作，这往往是更科学、更高效的方式，但成本也较高。考虑到个人团队或小型企业的成本与规模诉求，我们也可以自主完成原型的可用性测试工作。

1. 可用性测试规模

参与测试的用户样本数可根据产品的规模量级而定。通常情况下，对于简单操作体量的产品原型测试而言，基本可在前两轮测试结束后便发现潜在的问题；而对于复杂操作体量的产品原型测试而言，有专家认为“每位用户在测试中都会有独特的发现，随着测试用户数量的增多，这种独特性有降低的风险”，因而，5名左右用户数量已经能够产生较好的测试效果。

因此，多数情况下，产品原型的可用性测试规模在5人及其以内，进行4轮及其以内的测试。考虑到测试的积极度，每轮测试及对谈不超过30分钟，否则也容易因为疲劳感而降低测试有效度。每轮测试及对谈之间，要有一定时长的间隔，便于创作人员对反馈意见及时进行梳理与总结。

访谈是可用性测试的常见方式之一

2. 可用性测试执行

- **明确测试任务目标**

一款产品指涉的内容元素是十分丰富的，在时间成本与资源成本较为有限的情况下，我们对原型的测试也不可能面面俱到，所以应尽量选择优先级最高的或是最为重要的功能进行测试任务目标设计。任务目标的描述不应是简单的概念陈述，而应是一种生动形象的场景描述，这样也易于用户对此构成“移情”，对产品使用的还原度更好。从设问方式来看，如“回忆一下你最近去健身房的经历中，有没有遇到什么令人感到不快的经历”就比“描述目前在健身时遇到的问题”更具有场景性和形象性。

- **召集测试对象**

选择什么样的样本用户是需要着重加以评估的，总体上召集手段可以多样，如朋友圈介绍、社交网络招募、线下招募等，但筛选对象的标准一定要严格。测试对象首先应是产品既有或潜在的目标用户，其次是积极的用户，最后要平衡测试对象群体的结构问题。召集测试对象时，可辅以一定的回馈感谢测试对象的参与。

- **设计测试评价指标**

不同的团队及产品对可用性测试评价指标的设计有所不同，但通常情况下主要围绕以下参数：任务完成度、任务完成时长、任务操作描述、任务容错性、用户评价。涉及主观评价时，可借助“李克特五级量表”进行量化打分。

- **测试要点归纳**

测试中要把握住相关的信息要点，这将是我们评价原型的重要反馈。例如，功能优先级排序；使用情境的脚本描述；产品使用与目标诉求拟合度等。

2.3 始于细节的交互设计

说起“人机交互”，这并非是一个多么时新的概念。过去，报纸是我们与阅读之间的交互“中介”；后来，收音机和电视机促成了我们与视听内容的互动；再后来，计算机与手机出现。其实它们都具有相似的本质，那就是通过一种“聪明”的媒介形态来实现我们与信息之间的“交互”。不同的是，随着移动智能时代的到来，这种人与媒介之间的“交互”将更为亲近。例如，当我们从口袋中掏出手机随时随地地进行操作与使用时，这种体验也使得人和手机之间形成了更多的“感情”。因而可以发现，交互设计的意义本质上是一种有关情感体验的设计，它通过更自然、更高效、更亲近生活的方式，让“火热”的人与“冰冷”的机器之间建立了更为紧密的联系。由此看来，交互设计最重要的内核是唤起人们的“共情”感，而这种移情的能力仍然依赖于我们对交互细节的关注与重视。

2.3.1 友好的用户体验是前提

- **什么是用户体验**

举个例子，你在家装置了一整套家庭影院，你在使用前对这套家庭影院的期待值，在使用中对这套家庭影院的观看体验，在使用后对这套家庭影院的使用感受，它们合到一起就是这套家庭影院的用户体验。可以说，家庭影院就是一款完整的产品，那么也能随之理解，对其评价的优劣便取决于这款产品的用户体验本身。因而，友好的用户体验是产品设计的重要前提。

“家庭影院”是一款考验用户体验的产品

■ **什么是友好的用户体验**

虽然对于多数产品而言，这种评价的标准不一而足。但从整体看来，极致的核心功能和较低的学习成本都会是成就友好用户体验的重要基础。

我们可以用家庭影院的遥控器为例谈谈这两个指标。如果这款遥控器上的按键繁多，除了控制设备的相关按键外，还有各类增值服务的按键，如水电缴费、话费充值，甚至还有登录QQ、微博等一系列更为复杂的操作，那么这款遥控器大概会令用户抓狂。尤其是在纷繁的按键布局中，我们可能根本无法找到最常用的按键，这便是一种典型的问题，亦会构成不佳的用户体验。既然控制设备是核心场景中的核心功能，那么请把它做到极致，不要为了一些所谓的“新颖”而顾此失彼。而对于用户学习成本，我们都十分清楚对于一款产品的使用而言，尽量不要令用户陷入误区。但我们也可能怀有一定的侥幸心理：错一次也没事吧？错一次用户就明白了。例如，也许为了审美性的要求，我们将遥控器的开关按键“藏匿”在了一个并不明显的位置，用户在进行第一次操作时并没有在日常使用经验的范畴内找到开关键，这同样会对用户构成困扰。虽然在实际的产品设计中，必要的学习成本是不可避免的，但对于需要增加学习成本的设计，还是要尽可能避免。

令你的产品拥有明确、简约、流畅、人性的用户体验，是任何一款移动产品的终极诉求，而实现它的方式还是要参照那句俗话——细节决定成败。

2.3.2 手势的重要性

对于移动应用而言，人和移动终端之间的交互主要依赖于触摸，因而手指便在其中发挥了莫大的作用。通过手指开展各式各样的触摸，构成了我们使用产品的多数路径，我们把这种操作方式称作“手势”。广泛使用的手势也足以显示出其对于产品用户体验的重要性。

常见的手势操作有：点击、滑动、多点控制。

1. 点击

“点击”恐怕是最常见的一种手势操作。在PC端时代中，利用鼠标控制光标进行操作主要也是通过点击加以完成的。在移动端时代中，虽然我们不再用鼠标这样的实体物件进行点击操作，但手指便是我们的“鼠标”，通过按键等相关引导图形/文字元素，我们能够一目了然地知悉可点击区域，也会对点击的结果有特定预期，这几乎与PC端的用户体验是一致的。

2. 滑动

“滑动”是移动端手势操作的独有形式。常见的滑动手势有拖动和拨动两种形式。

较为通用的解锁界面都采取的是拖动手势，iOS解锁界面以从左往右的拖动操作为主，而Android解锁界面的拖动形态更为丰富，有方向型拖动、辐射型拖动、自定义拖动等。但无论何种拖动形式，基本都是以紧贴屏幕的指尖与可触界面元素同步移动的方式完成操作的。作为用户体验的细节设计，因为被拖动的过程较长，为避免用户的误操作，在指尖离开屏幕前，未完成的拖动手势都将回归到拖动前的位置与状态。

iOS解锁界面

而拨动手势区别于拖动手势之处在指尖的触摸不必长时间贴紧屏幕，手势操作只需要给出触发动作，界面元素会根据惯性继续运动到定点位置。在一些二元选项控件中，经常会运用到拨动手势。以开关控件为例，iOS和Android系统中的开关控件，如今普遍采取的便是拨动手势操作，其原因有两方面：一方面是操作逻辑清晰，另一方面是反馈结果明确。

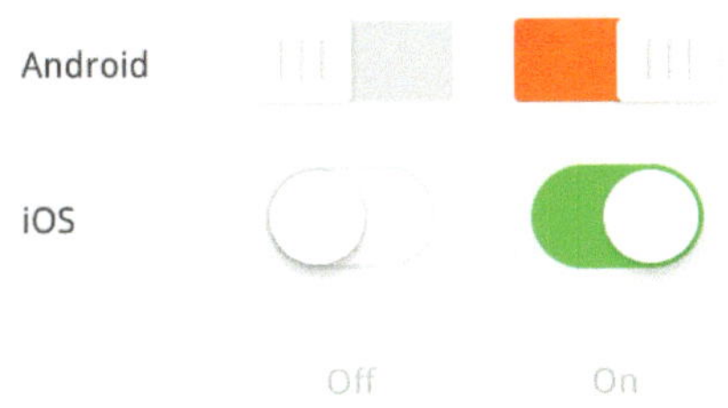

开关控件的拨动手势操作

3. 多点控制

“点击”和“滑动”都属于单点手势操作，除此之外，在一些复杂交互动作上，我们也会选择合适的多点控制手势，以提高操作效率。例如，在一些图片编辑应用产品中，双指旋转图片就是一种典型的多点控制。

当然，鉴于移动端有限的屏幕尺寸，多点控制的运用并没有那么广泛，但我们需要了解。对于用户操作而言，多点控制手势确实在很大程度上会减少用户的操作成本。以苹果系的MacBook笔记本为例，其成熟的多点控制手势已使其成为能真正脱离鼠标操作的笔记本电脑，足以显示多点控制手势的便利性和高效性。因而，在适宜的交互情景中，我们需要更多地去设想如何使用户的手势操作更简单，多点控制则是其中一个值得思索的方向。

MacBook触控板手势设置界面

2.3.3 不要忽视声音

也许手指的触摸体验是我们在与移动设备进行交互时最主要的感受来源，因其直观的触觉反馈与互动效果，总为人们营造着十分强烈的情绪体验。但在新鲜感过后，用户也会对此有着更高的细节要求，这恰恰是用户体验设计的内核，我们需要对用户可能形成的更高的交互要求做出反应。在当前的产品设计中，按键虚拟化已经成为一种普遍性的用户操作习惯。过去，我们通过手机上繁多的实体按键进行操作，如今，进一步抽象化的按键使得屏幕更趋一体化。那么，相比实体按键的触感，我们如何在抽象化的按键中更好地对这种触感进行还原呢？当我们对着虚拟按键进行手势操作时，无法从指尖获得反馈效果，只能等待界面发生变化才知悉操作是否成功。也就是说，用户的反应是后置的，这显然不够人性化。那么，如何解决这一问题呢？“声音”的运用便成为一种必不可少的交互元素，适宜的音效设计将帮助用户及时地获得反馈，也令产品更为“易用”。由此可见，经常被忽略的声音元素，对交互设计而言，也有着不可或缺的作用。

大体看来，声音元素在交互设计中的运用中发挥着重要的作用。

1. 响应操作反馈

在日常生活中，我们或许都有过这样的经历，通过脚步声的轻重缓急来判断人的身份特点。对于移动应用产品而言，亦是同理。虚拟键盘的按键音、短信发送/接受的提示音、滚轮选择日期时根据不同的滑动速率而响应的不同频率的音效等，这些都为用户操作提供了及时的反馈，以“声画同步”的方式为产品带来自如、流畅的用户体验。

2. 营造使用氛围

用户在使用产品时，所谓友好的用户体验并非是单一维度的。除了视觉上的需求满足，听觉体验本身也是一种用户需求。我们试想出一些相关场景：人们在雨天总希望窝在被子里安眠，在静谧的夏夜总是内心特别平和，在篝火晚会上总会觉得内心热情洋溢……雨声、虫鸣、燃烧声等，都助益于人们的感受形成，这恰恰说明声音对于营造氛围有着重要的作用。

如一款音乐混音器应用TaoMix，它依照用户特定的情绪状态创建了多种自然音效混响，以拟真的自然音效为用户营造特定的场景氛围。

移动应用产品TaoMix

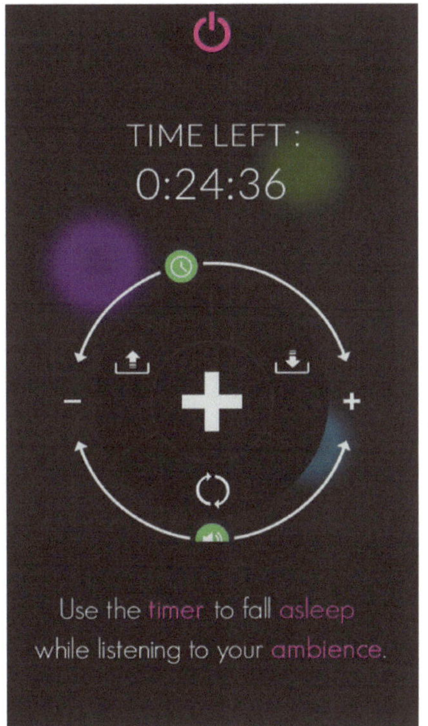

TaoMix的操作界面

3. 构建品牌形象

如同图形元素的辨识度一般，声音元素也有其独特性，这种独特性作用在产品层面，既能为产品的品牌形象提供一种可识别性，也能助益于产品的品牌传播。QQ的上线音效、微博的刷新音效、支付宝的抢红包“咻咻”音效等都构成了这些产品独树一帜的品牌形象认知，这本身也是情感化的一种交互设计。

春节期间支付宝应用“咻咻”抢红包功能界面

2.3.4 设备即是“内容”

如果你认为移动应用产品的交互形式只在屏幕内，那恐怕已是远远脱离了这个时代的移动互联网思维。微信“摇一摇”功能的成功，其实已经在告诉人们，交互形态不仅是界面内的点选操作，我们甚至可以通过设备本身的挥动构成人机交互行为。

陀螺仪与重力感应器作为当前智能终端的“标配”，已发挥了十分重要的作用。它们能够感知周围环境的变化，无论你是静止或者运动，是上下跳动或者左右晃动，作为内置传感器的它们都能帮助人们了解并且“控制”这些变化。

陀螺仪和重力感应器在如今的移动设备中发挥着重要作用

陀螺仪如今已被广泛运用于手机游戏产品中，用户可以将移动终端视作游戏中的操作设备，真正意义上以第一人称视角和体验进行游戏。

手机游戏Smagnetron的操作界面

在手机游戏Smagnetron中，用户需利用重力感应器产生不同的重力方向，通过左右倾斜终端设备以控制小球走向，最终完成游戏任务目标。

摄像头也是用户利用图像进行交互的一种重要载体，2016年风靡一时的移动应用Pokemon Go便是典型的示例之一。这款基于增强现实（AR）的手机游戏，可利用摄像头对现实世界中出现的“精灵”进行捕捉、战斗以及交换。从实际的交互效果而言，以摄像头为媒介将三维的精灵角色形象叠加在真实的场景环境中，进而形成全新的游戏体验。

移动应用Pokemon Go的操作界面与使用场景

事实上，由摄像头重构的游走于虚拟与现实之间的空间关系，也是下一阶段移动产品设计领域十分值得去发掘的需求，从虚拟现实（VR）到混合现实（MR）再到增强现实（AR），技术逻辑的演变也将令设备本身的“存在感”进一步凸显。

03
不只是美观的界面设计

UI设计，通常被视作移动互联网产品设计最显性的一步工作。在大多数人眼中，我们所言的产品设计或许主要指涉的便是UI设计，因为直到这一步工作完成，我们的产品才有了最为可视的状态。对于界面的设计，是将产品概念落实的一个完整过程。因而，界面设计本身不仅仅是对产品原型的一种美化，更是对产品原型的一种视觉再组织。除了审美性之外，还有更多复杂的结构性因素需要我们在UI设计中进行考虑。从“界面”到界面，设计师需要完成的东西还有很多。

3.1 UI设计为什么不能叫“美工”

3.1.1 产品功能与UI设计

1. UI的定义

UI是User Interface的缩写，即用户界面。从理论上而言，UI设计从“用户”和“界面”两方面阐释了包含用户的操作逻辑、界面的视觉设计以及用户与界面之间的人机交互等多种元素。非业内人士总习惯用“美工”称呼UI设计师，而设计师通常会为此感到生气，毕竟，UI设计不仅是“做图”这么简单，它的内容实际上包括视觉设计、交互设计和用户体验这3个维度。而移动UI设计，便是基于UI设计这个大工种衍生出的一个具体门类，即针对移动互联网产品所进行的UI设计。界面的功能属性不同，对设计的要求自然大相径庭。

根据UI的定义，我们能够发现，UI设计师的职能包括3个方面：图形界面视觉设计、交互设计、用户测试/研究。在很多时候，有不少人认为UI设计主要指的便是界面视觉设计，甚至会出现上述情况被固化的一种刻板成见：UI设计师即美工。从严格意义上来说，界面视觉设计只是UI设计师职能的一部分，同时，界面的视觉设计不是单纯意义上美术工作人员的工作，它不是简单的美化界面，而是通过对产品的了解，结合合理的交互设计，并基于可靠的用户测试数据来完成产品整体的视觉外观包装。

2. 产品功能与UI设计的关系

本书主要谈论的是移动应用产品的设计，因而，对于UI设计部分，我们也将主要围绕移动UI设计展开讨论。在之前的章节中我们能够充分知悉产品从无到有的完整过程，建立在此基础上，我们需要对这些功能进行有效的归纳与可视化处理，即从交互设计到视觉设计，最终呈现给用户一个完整的产品形象，用户因此可以对产品应用展开使用和功能体验。

在开展设计产品UI之前，我们应当根据功能的优先级或者相关调研数据，结合常规设计原则来建立应用的界面交互框架，即交互线框图。交互线框图须对零碎且尚未流程化的功能信息进行归纳和整理，首先要交代应用中都有什么东西，并设计合理的信息结构，明确这些元素的具体位置，最后再详细描述用户与界面元素之间的交互行为，包括如何操作以及相应的操作反馈、跳转路径等。具体的交互设计方法在本书第二章有明确的讲解，本章不再进行过多的深入讨论。

在交互原型确定之后，设计师就要开始进行界面视觉设计。如上所述，界面视觉设计不是单纯的界面美化，它须要根据产品的方向和定位、目标人群，结合使用环境和方式为用户而设计。

3.1.2 移动UI视觉设计的基本原则

当UI设计师开始绘制界面时，经常会遇到界面元素混乱、零散，信息排列无序等一大堆糟糕的情况，而其中更令人感到头疼的是，在很多情况下我们无法通过一种最佳的方法来解决这些问题，进而导致视觉呈现上总是缺乏很强的整体感，诸如版面破碎、焦点混乱、样式不统一等各种设计问题，也会给用户造成别扭的使用感受。作为设计师的你，或许也遇到过这样的困惑——为什么怎么看都觉得设计出来的界面“怪怪的”？然而却又难以对此清晰描述，此时若不能很好地解决产品设计的问题，也会给设计师的自信心带来很大的打击。

遇到这类问题时，我们应当进一步去思考：为什么会这样？也就是说，我们要通过分析普通用户对于设计的直观评价去寻求新的解决方法，它可能是一种办法，也可能是多种办法的组合。当用户提出诸如“怪怪的”“不舒服”等直截了当但对设计师而言却是格外模糊的意见时，我们不能因此而认为改进策略是不可行的，甚至是不切实际的。毕竟，这些意见都是用户最直接的心理感受，要解决这个问题，我们也许可以从视觉认知学或用户心理学等方面着手寻求解决方案，如格式塔理论。

1. 格式塔理论与设计原理

20世纪初，奥地利及德国心理学家创立了格式塔理论（Gestalt）。格式塔理论强调经验和行为的整体性。格式塔理论论述了这样一个观念，即人类的视觉感知是整体的。简单来说，视觉形象首先作为统一的整体被我们认知，随后才以部分的形式得到进一步认知，也就是说，我们先“看见”一个构图的整体，建立在整体的基础上，我们才能“看见”组成这一视觉的各个部分。

格式塔理论几乎适用于所有与视觉相关的领域。同样，对于更“袖珍”的移动UI而言，格式塔理论是需要受到重视的基本设计原则，它为图形和用户界面设计提供了相关的理论基础，并发挥着重要作用。

格式塔理论所指涉的设计原理包括：接近性原理、相似性原理、连续性原理、封闭性原理、对称性原理、主体/背景原理等，我们将在下文中分别进行阐释。

2. 格式塔理论与移动UI视觉设计

▪ 接近性原理

接近性原理，主要指物体之间的相对距离会对我们感知它们如何组织在一起产生重要影响。互相靠近的物体从视觉感受上便会被归入一组，而距离相对较远的物体则自动被归出组外。

从下图中我们可以发现，这两组圆形组合中，橙色的圆形组合更像是以横向的“行”为单位来进行组合的，而蓝色的圆形组合则更像是以竖向的“列”为单位进行组合的。

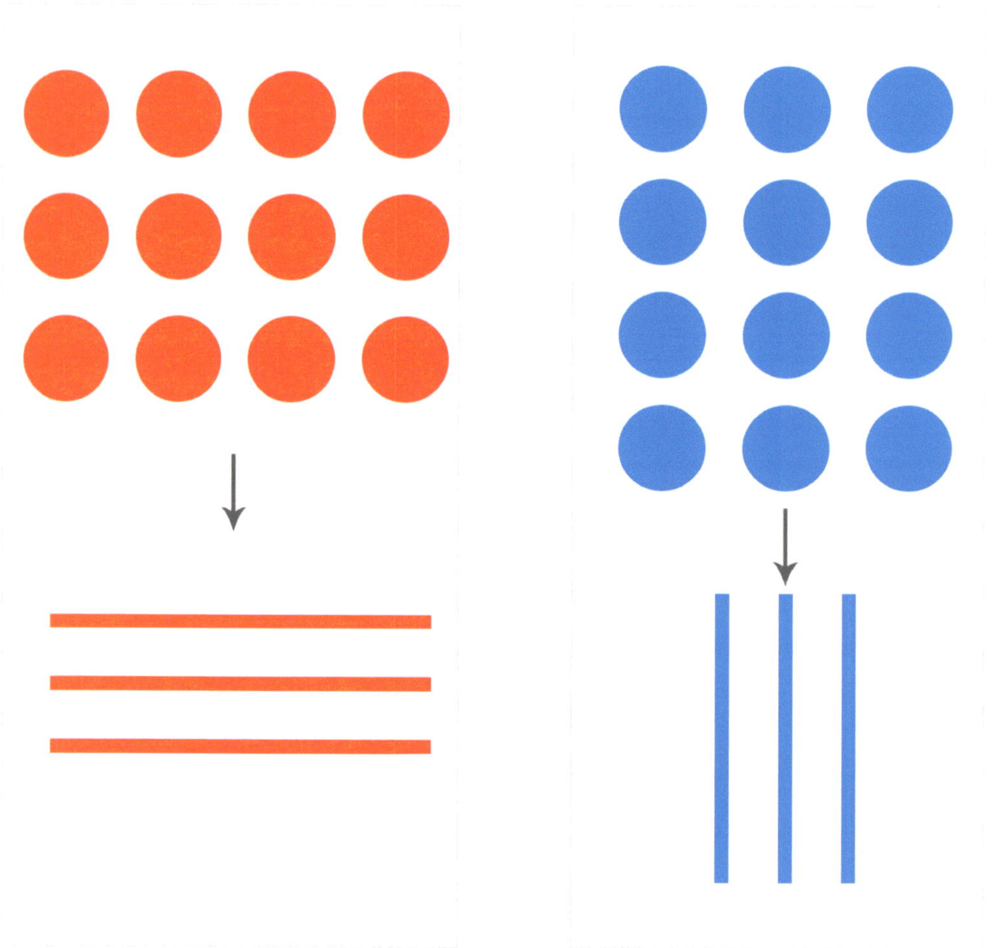

接近性原理对人们视觉感知的影响

在移动UI视觉设计中，利用接近性原理能令设计更符合用户的视觉感官体验。信息群组之间用留白区分，页面元素井然有序，布局简洁清晰，阅读信息时干扰较少，相近信息的关联性更为紧密，从而避免因视觉干扰和混乱带来的错误性操作和认知混淆。

根据接近性原理，我们可以调整头像与文字信息之间的距离，以及不同用户列表之间的距离。让用户能清晰地明白界面的布局关系，在视觉上形成正确的分组并更为有效地获取信息。

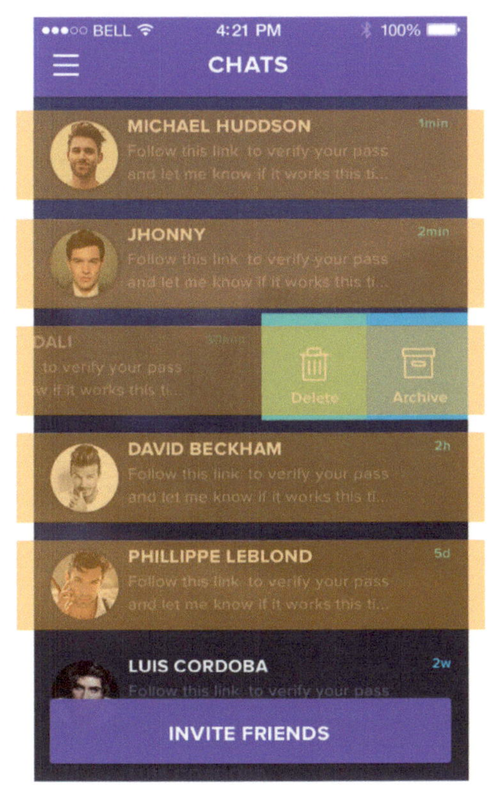

接近性原理在UI设计中的应用（一）

如果有联系的信息之间距离分配不当，则会在视觉组织上传达出错误的信息分组与信息关联。如下面左图所示，若姓名、聊天内容等文字信息与用户头像的距离较远（产生明显区隔），用户在视觉感受上便会形成所有头像和所有文字信息各自对列的分组错觉。相比之下，右图中的视觉组织则更明确，也不会产生任何视觉歧义。

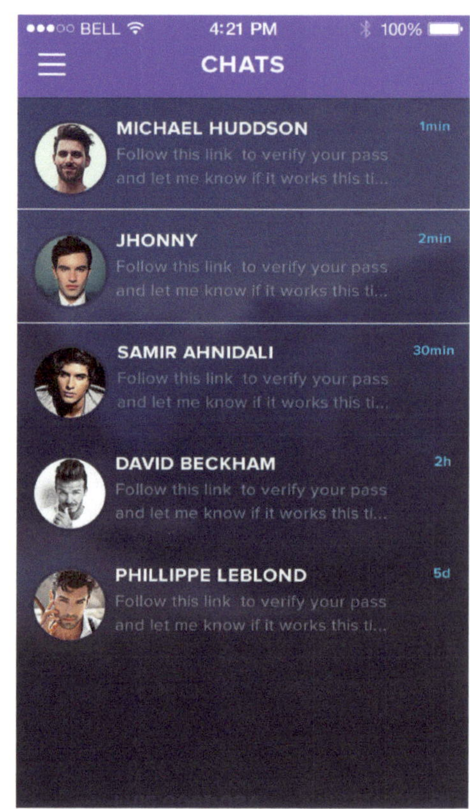

接近性原理在UI设计中的应用（二）

- **相似性原理**

相似性原理，主要指如果各部分视觉元素的整体属性（如形态、距离等）相似，然而在某一要素上存在明显差异（如色彩等），那么除这一具有差异的元素外其他具有相似的部分便被自然划分成一个新的整体。看起来更像基本常识的这一理念，在移动UI视觉设计中也运用广泛。

在下图这些不同颜色的小球组合中，橙色小球与其他橙色小球具有相似性，灰色小球与其他灰色小球具有相似性，而橙色小球与灰色小球则不具有特别的相似性。基于这样的前提，我们会将具有（色彩）相似性的小球归为一组，这便是格式塔原理中的相似性理论。

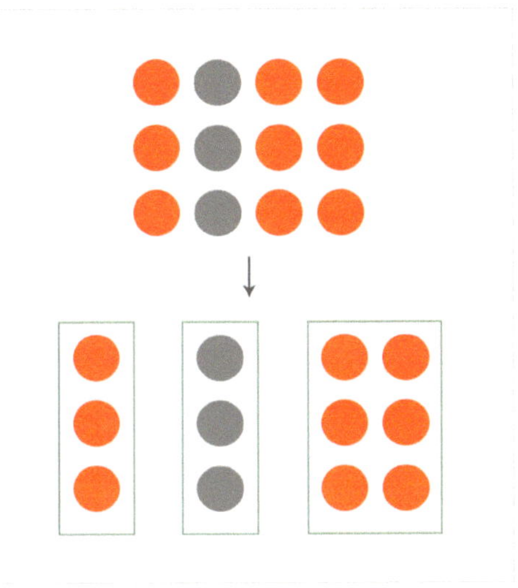

相似性原理对人们视觉感知的影响

在下图所示的“猫眼电影”这一应用的界面中，我们能够发现左侧的圆形图标具有（形态）相似性，中间的电影信息具有（形态）相似性，右侧的购票按钮具有（形态、色彩）相似性。如果不进行有效合理的区隔，或许便会形成如同此图中潜在的认知错觉——用户或许会认为这是3“列”而非3“行”信息的组合。

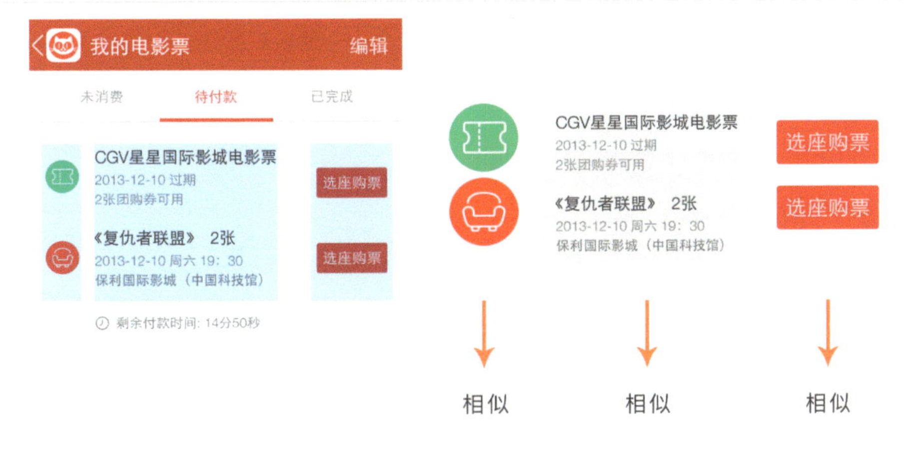

相似性原理在UI设计中的应用（一）

如何解决由于相似性感知经验而构成的用户视觉错认呢？如何对此加以改进并提升用户的使用体验呢？这里介绍一个较为简易可行的方法：利用分割线及色块进行视觉区隔，能够有效地对相互联系的信息进行明确的整合和分组，从而解决上述问题。下图中，在不同的电影票列表之间添加了分隔色块，便解决了图中潜在的视觉歧义。

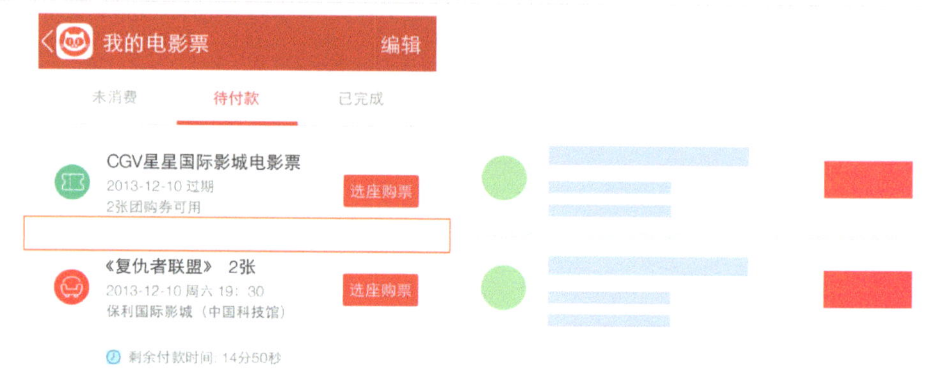

相似性原理在UI设计中的应用（二）

▪ 连续性原理

连续性原理，主要指视觉倾向于感知连续的形式而不是离散的碎片。

如下图所示，无论是左侧的字母或右侧的图形，真实情况是字母和图形都是非连续性的，但在视觉组织形式上通过相似元素的重构将其完整化，形成观感上连续的“视觉节奏”。

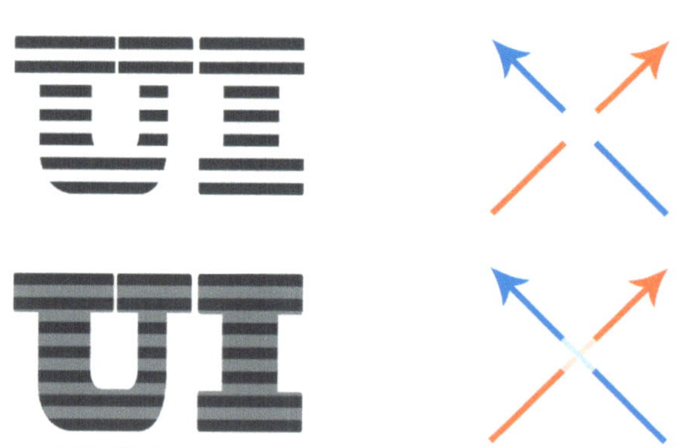

连续性原理在视觉表现中的应用

▪ 闭合性原理

闭合性原理，主要指视觉系统自动尝试将敞开的图形闭合起来，从而将其感知为完整的物体，而非分散的碎片。

与连续性相似，真实的图形是断裂性的，但在一定的运动轨迹和路径下，这种断裂亦有视觉连贯性，也能构成图形的整体性。

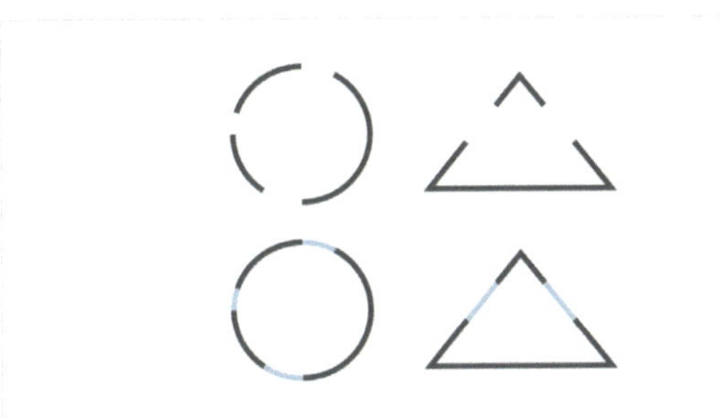

断裂性的图形也有视觉连贯性

▪ 对称性原理

通常情况下，我们在设计中会倾向于使用简单的图形来拆解复杂的场景。

我们的视觉第一印象和感知会告诉我们，如果对下图中的元素构成进行解析，在3种可能的情况中，我们更倾向于第一种理解：两个完整圆形的对称叠加。对称是最基本的构图原理之一。

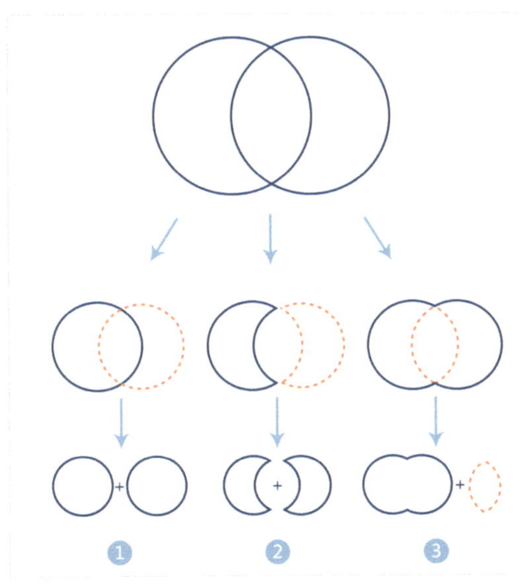

对称是最基本的构图原理之一

▪ 主体/背景原理

在对视觉内容的感知中，人脑会将视觉感知区域分为两个部分，这两个部分使得主体和背景的区分得以可能。与我们的日常感知经验相似，主体视觉主要是一个场景中占据我们最多注意力的视觉元素，而其余占据附属地位或作为陪衬的视觉元素，则称为背景。

当小的视觉对象重叠在大的视觉对象上时，如下图所示，我们的认知会倾向于小对象为主体，大对象为背景，这种感知现象就是格式塔理论中描述的主体/背景原理。

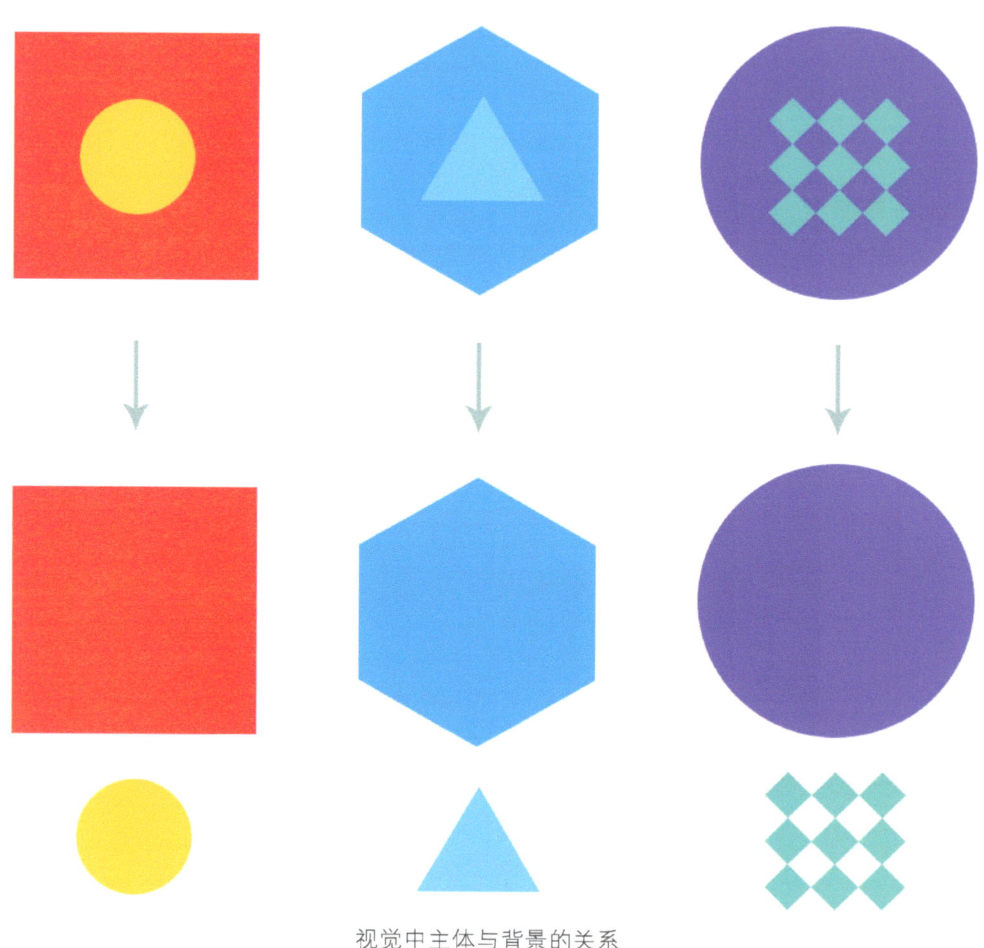

视觉中主体与背景的关系

3.1.3 移动UI视觉设计中色彩的搭配与运用

鲁塞尔曾说：“色彩是看得见的能量。”我们之所以能够认识世界的多样性，与色彩的感知有着密不可分的联系。同样，色彩的搭配与运用在UI设计中也至关重要。在对界面进行色彩搭配时，设计师应该从两个方面加以考虑：第一，通过合理的色彩搭配美化界面并为用户带来舒适的观感；第二，通过差异色彩的运用突出重点信息并令用户能直观准确地理解和把握界面所要传达的信息要点。

1. 移动UI界面中常用的3种配色取向

- **企业色**

大多数成熟的企业，通常都有匹配企业文化的一整套VI，即通过设计或可视化的过程将抽象的企业形象具象化。我们在为这类公司的产品设计UI界面时，首先应考虑的配色方案便是利用VI中的品牌色作为界面的主体色展开设计，这样也会更契合目标对象的品牌形象塑造。

- **风格色**

不同的色彩搭配组合能传达出不同的视觉风格倾向，例如，以蓝色为主的界面给人一种科技感，以绿色为主的界面容易给人安全感和舒适感，黑色和白色的搭配会显得酷雅和简洁等。因此，通常我们会根据产品的“气质”来选择相应的色彩加以搭配和组合。

- **个性色**

在许多个人网站或窄众的应用中，为了进一步彰显个性，色彩搭配较为大胆和独特。当然，这种随心所欲并非天马行空，虽然会大幅吸纳设计师的个人设计风格及受众人群的个性特点，但仍需遵循基本的设计原理和规范，进而实现富有新意且具有合理性的色彩搭配。

2. 移动UI界面设计中色彩的运用

- **采用便于用户识别和感知的色彩**

色觉的拮抗过程理论是指人眼的色觉感受细胞是成对联系在一起的，它们分别为“蓝—黄”“红—绿”和“黑—白”，而它们相互间以一种拮抗的方式工作。

如下图所示，假若我们长时间注视左侧的黄色区域，“蓝—黄”这一组感受细胞中有关黄色成分的细胞便会变得“疲惫”，此时我们的神经几乎不能再对黄色刺激做出反应。而与此同时，与黄色相对的有关蓝色成分的细胞则会因为没有受到视觉材料的刺激而处于未被激活的状态。

此时我们转向右侧的白色区域，光线同样作用于“蓝—黄”感受细胞，由于黄色感受细胞的疲劳，视觉暂时不能对黄色刺激做出反应，所以我们看不到黄色，却能隐约知觉未被刺激的与黄色相对的蓝色。

色彩的拮抗过程

通过色觉拮抗过程原理我们能够发现，视觉对于色彩的感受细胞分为“蓝—黄”“红—绿”和“黑—白”3种组合，它们分别形成了3组感受通道。除了这6种色彩外的其他颜色都会在超过一个的通道上产生信号，然后才会被人们看见。由此我们可以知道，我们的视觉系统在分辨其他颜色时都不如分辨这6种颜色那么快速和轻松。

在我们设计移动UI界面，尤其是文字信息较多的界面时，可以充分把握和运用这一感知心理，多运用这6种易于让用户识别的颜色，提升用户在浏览文字信息时的观看体验。

- **利用色彩对比突出重点信息**

下图为天气Widget的一个UI界面。如果没有色彩对比来区分当日与其他日期，那么用户很难快速查看并获取当前的天气信息。在为当日天气信息添加了不同灰度的背景后，各天气信息之间有了对比和区隔。同时，一组天气信息内，红、黑、灰这3种色彩的对比，也突出了界面中想要强调的不同的具体信息。

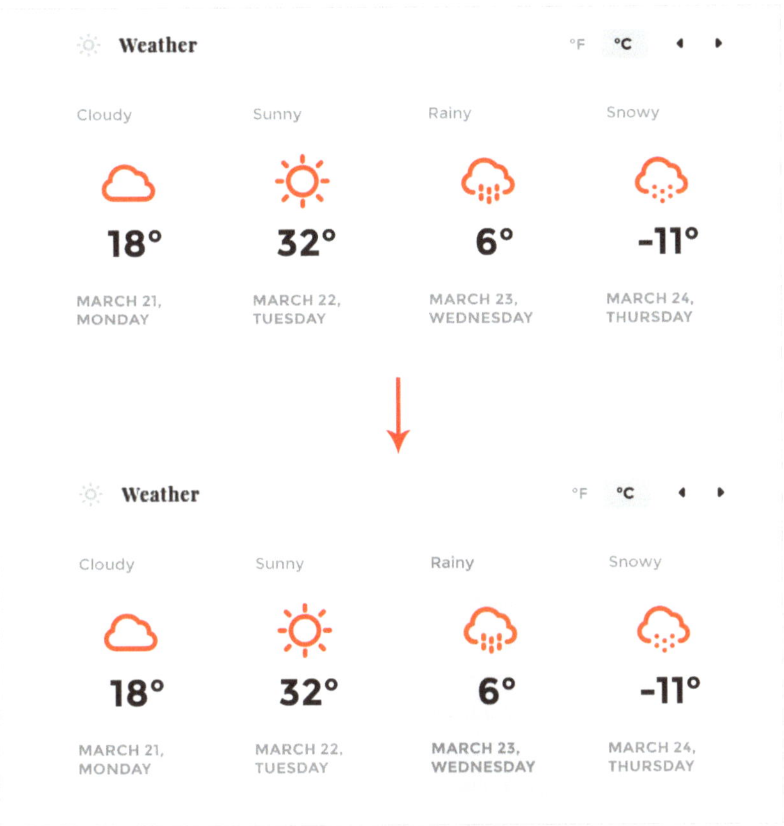

利用色彩对比突出重点信息

- **避免使用过于刺激的色彩搭配**

在进行色彩搭配时，我们不仅要使用用户易于识别的色彩，同时也要注意避免使用反差过大的色彩进行搭配组合。如下图中的这3组色彩搭配组合，虽然具有很高的辨识度，但视觉观感上会显得十分刺眼，不能为用户营造协调的视觉体验，如果在界面中大量使用，也会让用户在阅读与浏览界面时产生不适感，影响用户体验。

避免使用过于刺激的色彩搭配

3.2 常规界面模式的UI设计

3.2.1 辅助界面

辅助界面是指对产品功能进行说明或提示的界面。此类界面也提供相应的辅助功能来提升产品的使用体验。

常见的辅助界面有3种。

1. 启动界面

启动界面主要是指应用启动前的加载界面。通常情况下，应用会在加载程序的缓冲过程中显示该界面，加载完成后则会跳转进入应用首页。

常见的启动界面主要有两种情况：一种是显示该应用的Logo及相关主视觉元素，主要用于提升产品的品牌认知度；另一种是显示一部分首页元素（具象或抽象的表现形式），以免出现空白页面给用户造成“跳脱感”。

开眼应用的启动界面

淘宝应用的启动界面

常见的启动界面有两种设计取向：一种是Logo位于界面正上方（有时也出现在中部），如下面第一组图中的MONO应用；另一种是Logo位于界面底部，如下面第二组图中的猫眼电影应用。

不同应用中启动界面的Logo位置

2. 过场界面

过场界面主要是指用户首次启动应用后出现的一系列用于介绍产品主要功能及特点的引导界面。当产品功能点较多时，过场界面能帮助用户快速了解产品的功能特点。此外，在产品迭代优化的过程中，过场界面也可以为用户及时提供新功能及重要更新内容的介绍与引导。

通常情况下，过场界面有以下两种主要样式。

■ 抽象插图与文字结合

“芸芸”应用的过场界面设计

■ 手机界面截图展示

“360Camera” 应用的过场界面设计

3. 空白界面

空白界面也是一种常见的过场界面，但它并非“一无所有”，它通常是用来提示用户当前界面没有可以显示或操作的数据/信息。在多数情况下，当用户需要查看的数据/信息不存在或网络状况异常时，空白界面能通过文字或图片的各类视觉效果对当前状态加以提示，避免用户误以为加载速度慢而造成长时间的等待，从而影响操作体验。

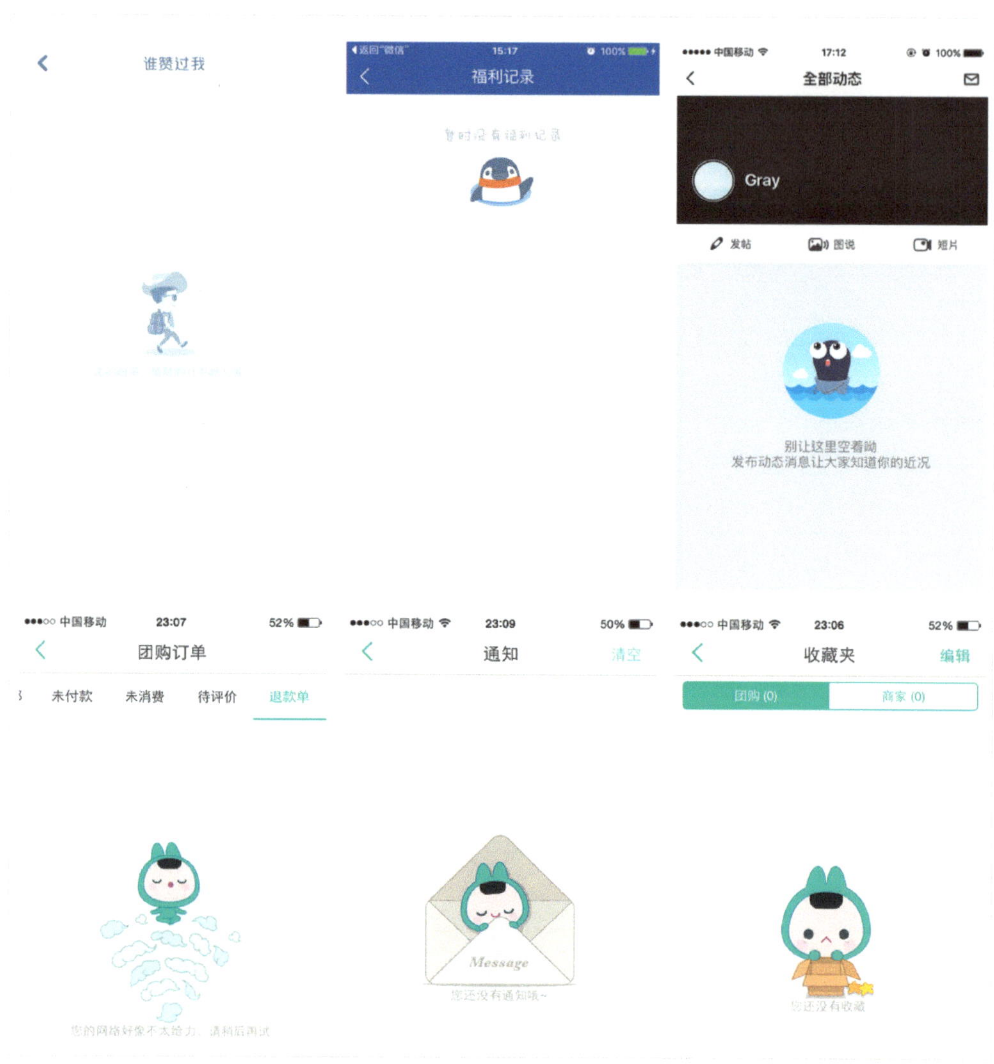

各类应用在不同状态下的空白缺省页

3.2.2 首页/主界面

1. 信息聚合界面

信息聚合界面，顾名思义，需要对首页丰富的数据/信息进行归纳和整理，以便更好地供用户理解和操作。一般情况下，首页为信息聚合界面的应用多以新闻阅读、电商购物及社交应用等内容性较强的产品为主。

- **卡片**

卡片式设计是常见的一种信息承载形式，区块式的“卡片”区隔能使内容轻量精简、信息层级分明及更易于友好地引导用户互动。在日常生活中我们会发现许多应用的首页采用了卡片式的设计，如社交类应用和门户类应用。

这些主要社交平台的功能模块设计都采取了卡片的样式。从下图中能够发现，利用卡片式设计不仅可以明确划分功能，而且可以让界面布局清晰简洁。

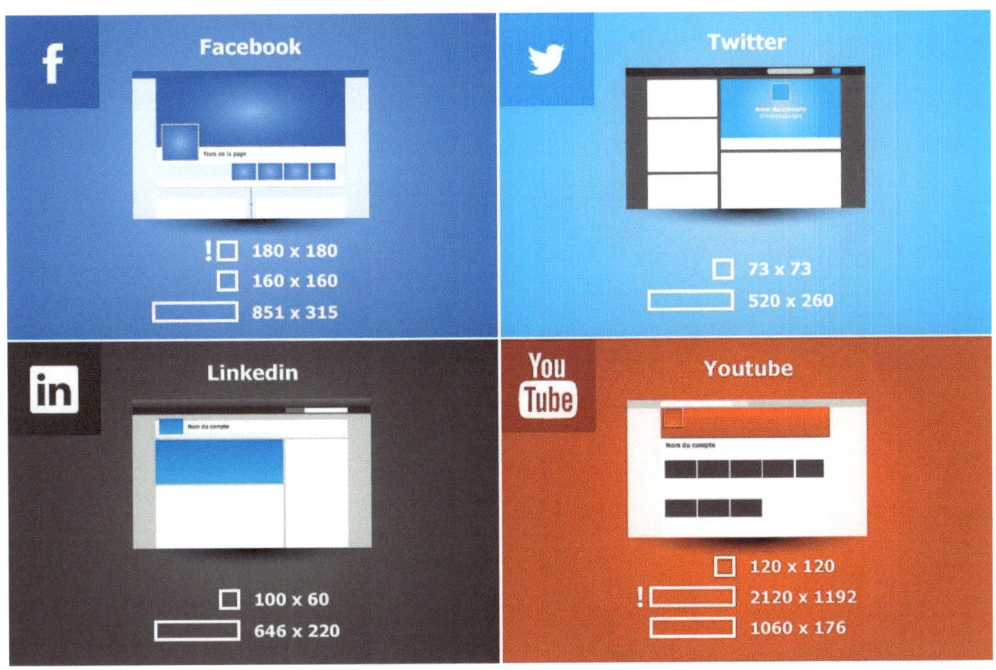

不同社交应用中的卡片设计

■ 九宫格

在UI界面设计中，我们通常会利用网格来划分界面的布局，根据水平和垂直的划分所构成的辅助线，能令界面更严谨、规范，设计工作的开展也会事半功倍。九宫格构图会让界面更为规范和整洁，对于用户来说操作也更为便捷，灵活运用九宫格构图会让功能优先级更为明确和突出。

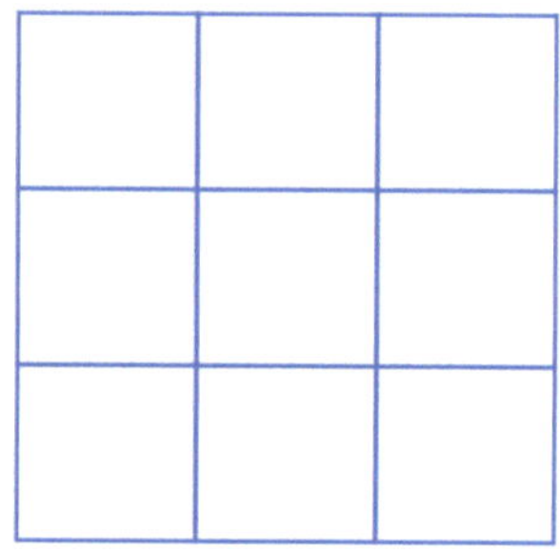

九宫格构图

在实际项目设计中，每个方块区域并非必须只能对应一个内容或功能入口，设计完全可以灵活多变，例如，一对二、一对多等格局，可以打破平均分配的框架。如此情况下，不仅可以增加页面的留白，也可以突出某个功能甚至是广告，使得界面布局富有一定的节奏感和呼吸感。

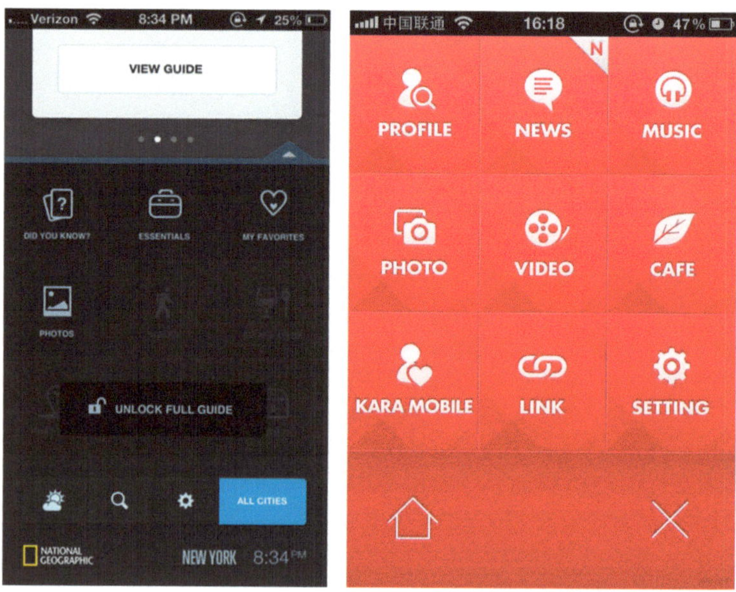

九宫格构图在等分情况下的UI设计界面样式

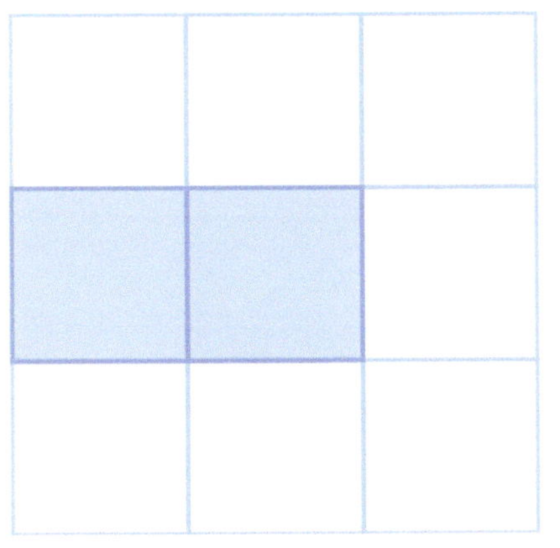

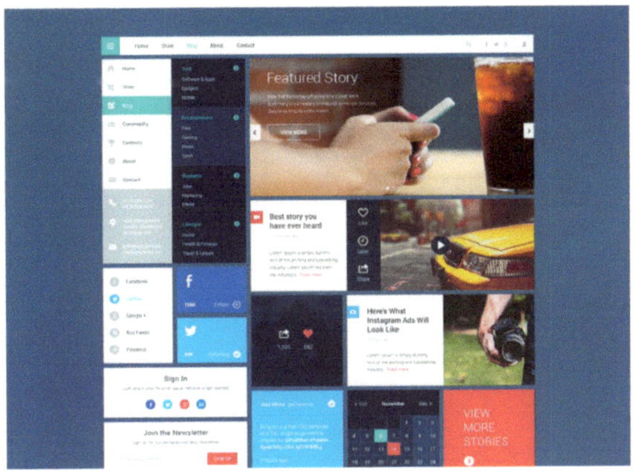

九宫格构图在两个方格合并情况下的UI设计界面样式

九宫格构图在3个方格合并情况下的UI设计界面样式

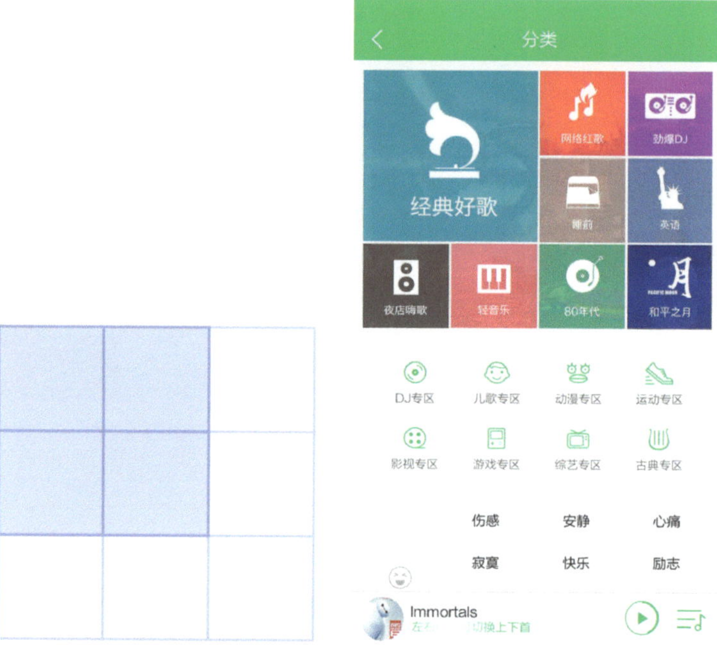

九宫格构图在4个方格合并情况下的UI设计界面样式

2. 功能菜单界面

功能菜单界面一般用于工具类应用的首页或主界面，通常情况下直接明确地提供了多种工具服务的相关功能入口，这也是此类应用最需要被用户所知悉的。

Mexture和Fragment两款摄影工具类应用的首页界面

3.2.3 列表界面

1. 搜索结果界面

搜索结果界面一般显示于用户执行搜索操作后，界面的视觉组织一般会通过垂直列表的样式对搜索结果加以展现。

下图为不同样式的搜索结果界面，能够以文字信息、图片及图文结合的多种样式加以组织。但无论是何种样式，都在界面中以垂直列表的形式呈现。

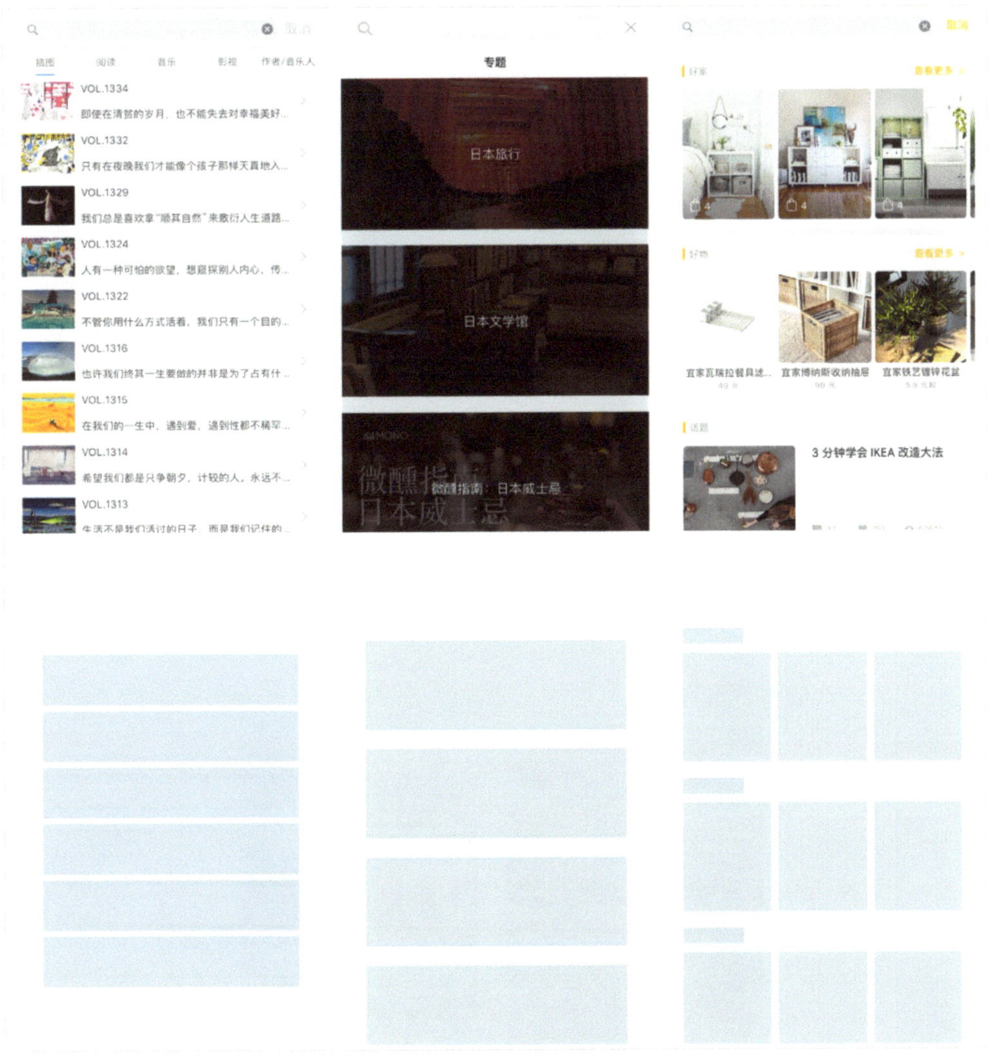

不同样式的搜索结果界面

2. 时间轴界面

时间轴界面常用于强调内容时序的社交类应用中，会按照时间顺序显示内容。许多社交类应用会在时间轴界面中显示用户发布的状态信息，信息的类型可以是文字、照片和视频等多种文本。

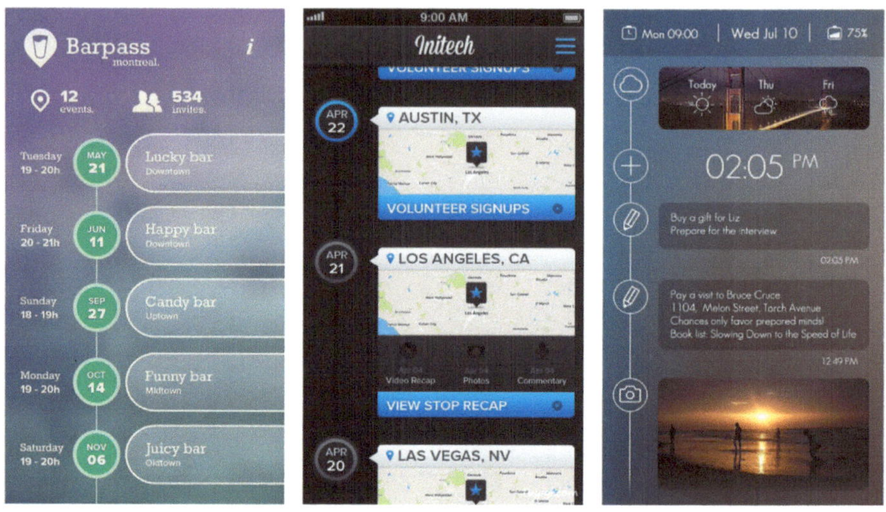

社交类应用中不同类型信息的时间轴界面

3. 图库界面

图库界面用于显示照片或视频等视觉信息的缩略图版式。在此类界面设计中，设计师一般会使用大面积的网格列表，使界面显得井然有序。

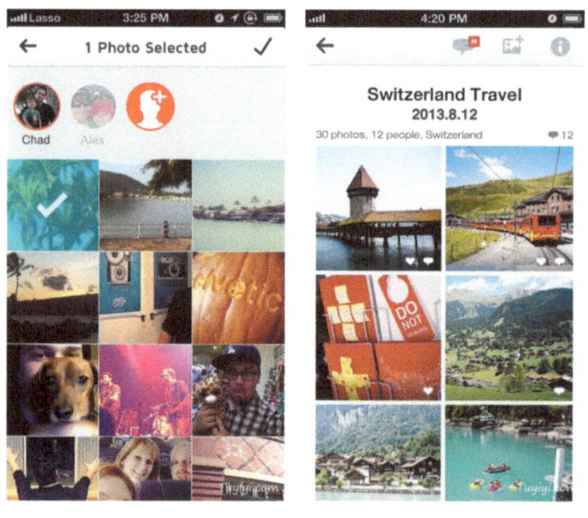

Lasso和Kakao两款图片类应用的图库界面

4. 消息/通知界面

消息/通知界面用于包含社交属性的各类应用中，通常情况下显示的是用户好友的聊天内容、用户关注对象的动态、他人对用户发布信息的反馈等内容，并按时间先后的顺序加以排列显示。

3.2.4 详情界面

1. 商品详情界面

商品详情界面用于展示商品的详细信息。用户在对某个商品产生兴趣并有购买意愿时会对该界面进行浏览。通常情况下，商品详情界面包含商品图组、购买价格、商品描述及来自其他用户的反馈评价等基本要素。

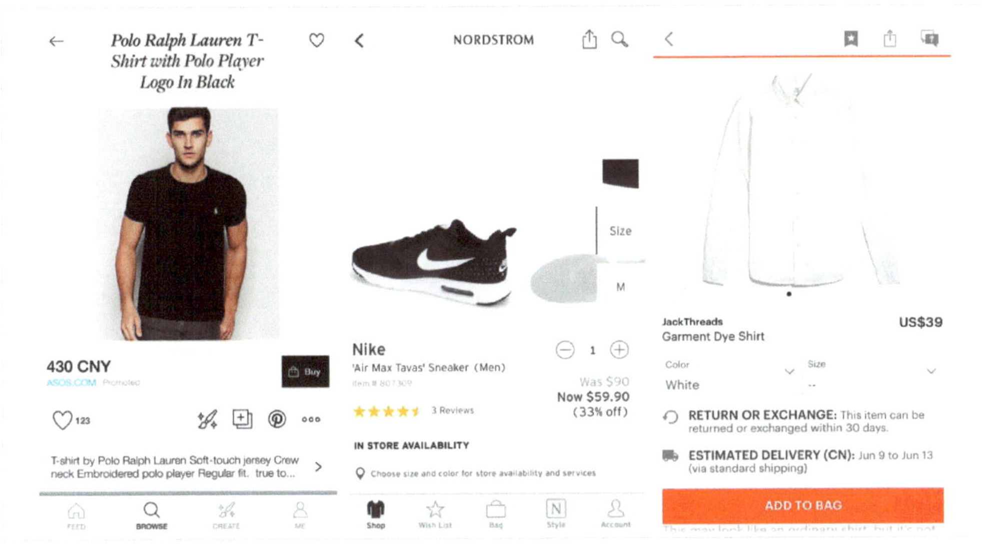

常见的商品详情界面结构

2. 照片/音视频播放界面

照片/音视频播放界面主要用于显示照片或播放音视频。照片显示界面通常使用滑动的操作手势让用户在不退出全屏模式的情况下浏览多图，同时用户在浏览照片时可以进行点赞、查看评论、保存图片或分享、举报等多项功能操作。音视频播放界面相对照片界面而言增加了播放器功能，用户可以执行播放/暂停、快进/快退、调节音量和清晰度以及通过手势滑动来控制音视频播放等复杂的操作。

这些界面中的必要UI元素，通常会自动隐藏以避免对用户在观看内容时形成干扰。主要的表现形式为用户若在一定时间内没有触摸屏幕，这些UI元素就会自动隐藏起来。若用户要进行相关操作，只需轻触屏幕，它们就会再度出现。

常见的照片/音视频播放界面结构

3. 内容详情界面

内容详情界面一般用于显示新闻报道、博客文章以及长评论等篇幅较长、字数较多的文本信息，通常由文本和图组构成。在设计此类界面时，我们应当充分考虑并选择适当的字体大小、间距、行距等版面编排元素，同时界面的整体风格应倾向于简洁明了，避免因冗余的视觉元素而降低文本的可读性，影响用户的阅读体验。

常见的内容详情界面结构

4. 地图界面

地图界面用于显示当前或目标地点的详细地理信息，无论是手机自带的地图插件，还是第三方地图软件，基本上都是类似的样式。

5. 用户信息界面

用户信息界面用于显示与用户相关的详细信息，除了头像、昵称等固有的用户资料外，不同类型的应用会显示不同的信息。社交类应用会显示用户发布的信息及关注对象的数量、粉丝数量等；电商类应用则会显示不同状态的订单数量及相关的服务功能入口等。

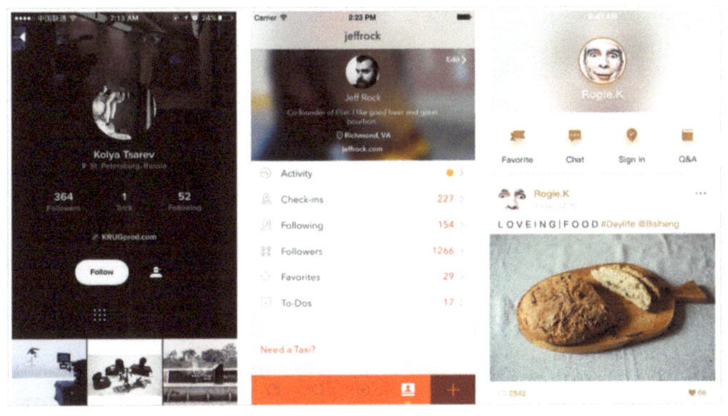

常见的用户信息界面结构

3.2.5 输入/操作界面

1. 登录/注册界面

登录/注册界面通常用于该应用需要用户在使用前进行登录或注册时，常见的界面样式是使用文本框让用户实现文字输入操作。

在设计该界面时，输入文本框的样式通常会采用手机系统提供的标准样式，我们可以不改变其外观。当然，我们也可以在一定程度上结合有趣、新颖的交互动效对文本框样式进行重构。

下图为3种不同样式的登录/注册界面。此外，许多应用也会提供第三方平台进行快捷登录。

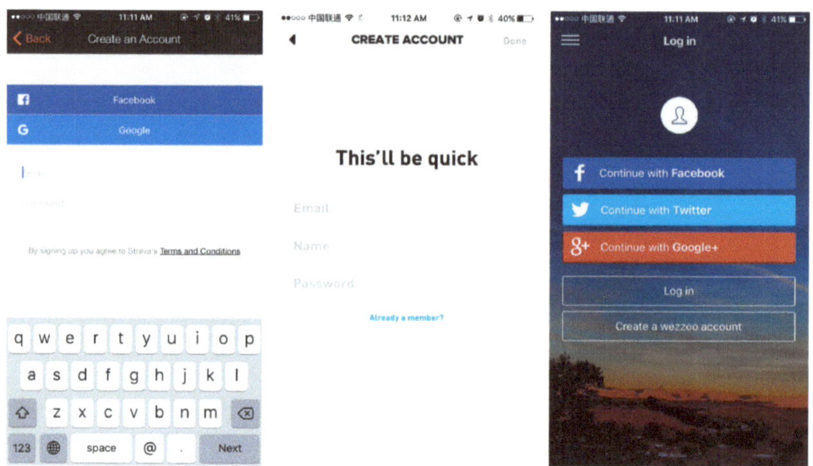

不同样式的登录/注册界面

2. 信息发布界面

信息发布界面用于发布文本信息、照片及视频等各类信息。

3. 设置界面

设置界面常用于应用的设置及管理操作。一般设置界面利用垂直列表和开关的形式列出所有功能。

4. 照片拍摄/录音界面

照片拍摄/录音界面是摄影类应用的主要功能界面，用户可以通过该界面拍摄照片和录制音视频。

3.3 UI设计的基本设计规范

3.3.1 界面设计尺寸

许多设计师在刚开始接触UI设计时，界面尺寸难以适配是经常遇到的困扰。例如，Photoshop中画布该建多大，应适配多少种界面尺寸等。因而，我们有必要对UI设计中常用的界面尺寸规格进行梳理。

1. iOS平台

- **界面尺寸及分辨率**

iPhone4/4s 界面尺寸（单位：px）：640×960

iPhone5/5c/5s 界面尺寸（单位：px）：640×1136

iPhone6/6s 界面尺寸（单位：px）：750×1334

iPhone6 Plus/6s Plus 界面尺寸（单位：px）：1242×2208

备注：单位px为像素，一般情况下，移动UI视觉设计的分辨率常用72PPI。

在iPhone 6/6 Plus面世之前，设计师针对iOS平台采取的通用设计尺寸为640×960px或640×1136px。如今，使用iPhone 6型号终端的市场占有率占了较大比重，所以我们在设计时尺寸一般会按照750×1334px的规格进行绘制。

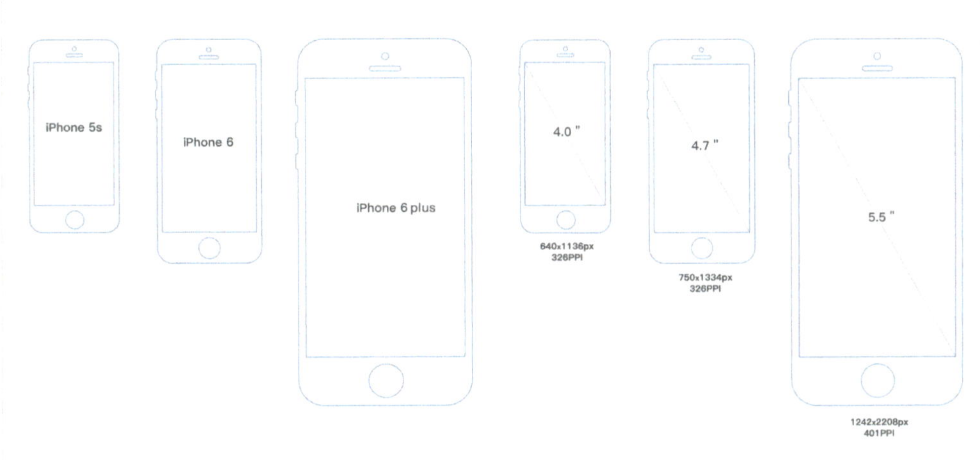

iPhone 5s、iPhone 6、iPhone 6 Plus3种型号的屏幕尺寸

为什么选择iPhone 6（750×1334px）作为基准尺寸？目前iOS应用有大、中、小3种屏幕需要适配，最好的解决方法就是设计好一种屏幕尺寸，然后去适配剩下的两种屏幕尺寸。我们选择中间尺寸的iPhone6作为基准的原因有以下两点。

（1）选择中间尺寸无论是向上或向下适配，界面的调整幅度都是最适宜的；

（2）iPhone 6 Plus有两种显示模式，标准模式分辨率为1242×2208px，放大模式为1125×2001px。可见官方系统里iPhone 6和iPhone 6 Plus的分辨率之间存在着1.5倍的倍率关系。所以,很多情况下这两种尺寸可以用1.5倍的关系去等比适配。当然，这是一个看起来比较偷懒的办法，但基本能做到适配多种屏幕，偶尔也会有控件拉伸或者信息显示不全的问题，这时候可以让程序员在技术研发时对此进行微调。

因为目前大屏手机市场占有率比较高，如果依然以小尺寸作为设计的基准恐怕总显得不合时宜。而且若设计师在进行设计时只局限于小尺寸，也无法很好地去体验用户在真实情况下看到的效果。

▪ 界面元素尺寸和图标尺寸

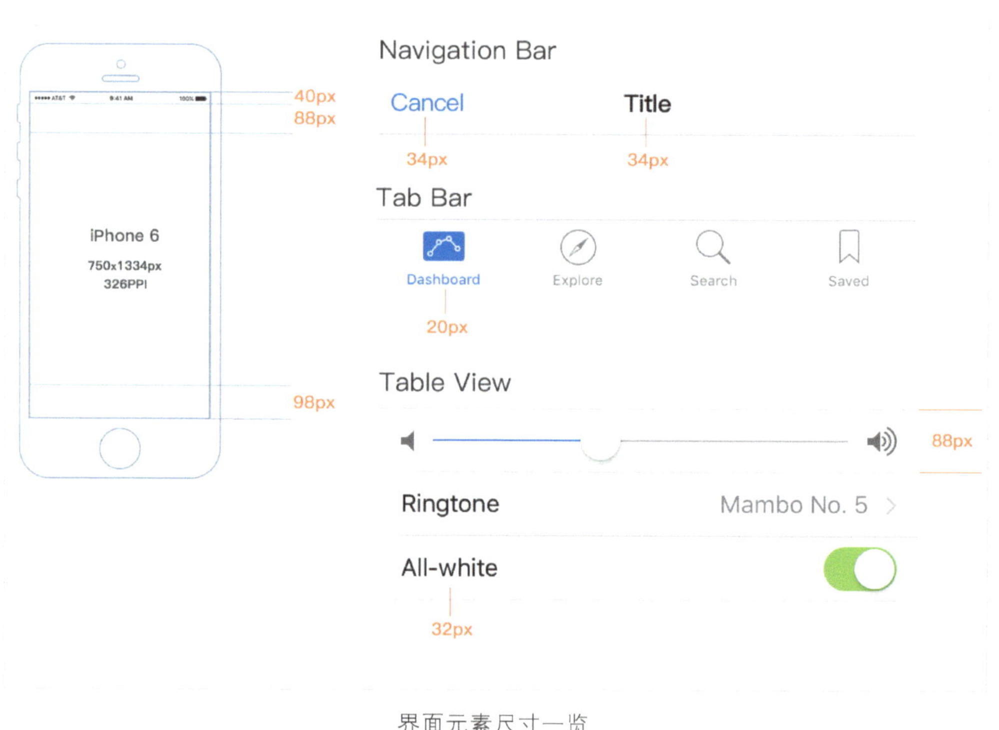

界面元素尺寸一览

1024 Retina App Icon for App Store
iPhone
@3x
@2x
@1x
App Icon
180 iOS 7/8
120 iOS 7/8
114 iOS 5/6
60 iOS 7/8
57 iOS 5/6
Spotlight
120 iOS 7/8
80 iOS 7/8
58 iOS 5/6
40 iOS 7/8
29 iOS 5/6
Settings
87 iOS 7/8
58 iOS 5-8
29 iOS 5-8
iPad
@2x
@1x
App Icon
167 iPad Pro
152 iOS 7/8
144 iOS 5/6
76 iOS 7/8
72 iOS 5/6
Spotlight
80 iOS 7/8
100 iOS 5/6
40 iOS 7/8
50 iOS 5/6
Settings
58 iOS 5-8
29 iOS 5-8

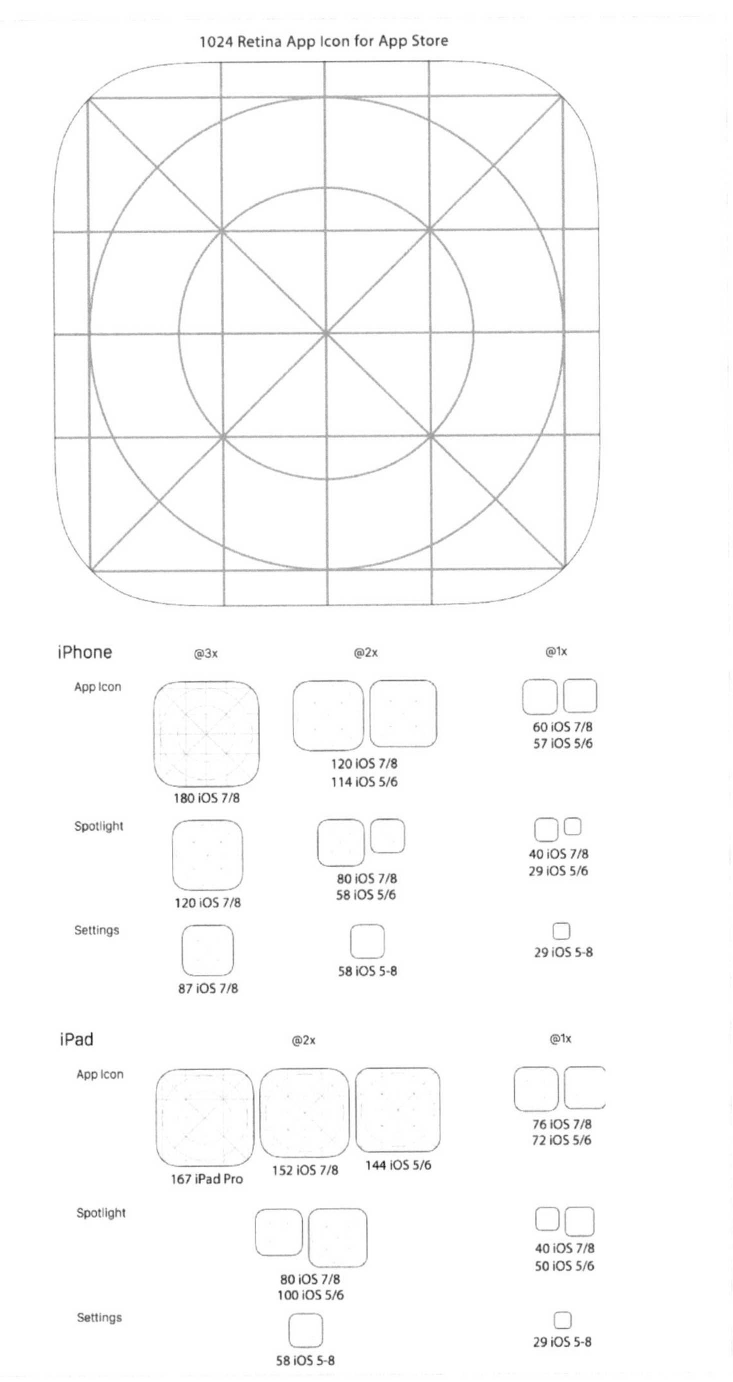

各类图标尺寸一览

2. Android平台

■ 界面尺寸及分辨率

我们能够发现，安卓系统因其自身开源、开放的特性，也使得大量不同款式的安卓手机涌现。这些安卓手机的屏幕尺寸繁多且不同的分辨率对应不同的dpi模式，这些杂乱无章的界面样式一直令设计师感到头疼。

我们对此进行了一定的梳理，目前主流安卓手机的分辨率有以下3种。

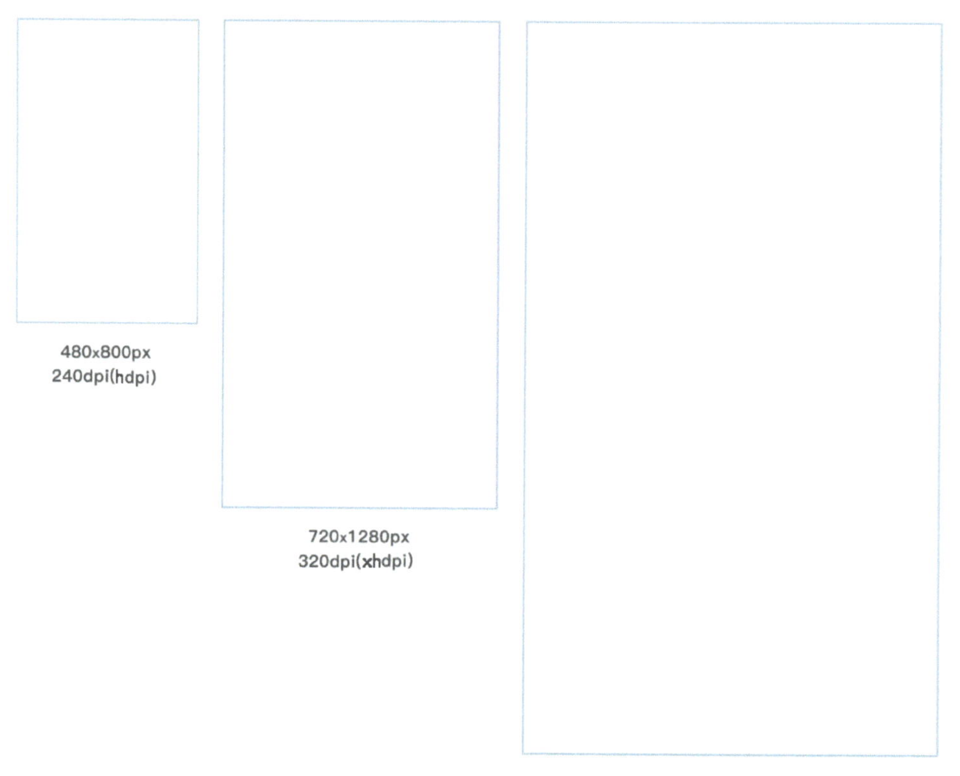

当前市场中主流的3种安卓手机屏幕分辨率

hdpi——对应480×800px的手机，如小米1、小米1s、HTC等。

xdpi——对应720×1280px的手机，如三星Galaxy系列、华为P6等。

xxhdpi——对应1080×1920px的手机，如华为荣耀手机系列、HTC One等。

目前主流安卓手机的屏幕尺寸和分辨率如下。

小米 3、小米4，屏幕尺寸和分辨率：5英寸、1080×1920px。

魅族MX2，屏幕尺寸和分辨率：4.4英寸、800×1280px。

魅族MX3，屏幕尺寸和分辨率：5.1英寸、1080×1800px。

HTC One，屏幕尺寸和分辨率：4.7英寸、1080×1920px。

华为荣耀6，屏幕尺寸和分辨率：5英寸、1080×1920px。

华为P6，屏幕尺寸和分辨率：4.7英寸、720×1080px。

华为P7，屏幕尺寸和分辨率：5英寸、1080×1920px。

面对纷繁的屏幕尺寸与分辨率，我们在设计安卓系统的应用界面时，无法为每一种分辨率都设计和匹配不同尺寸的界面。因此，我们可以采取与iOS应用类似的设计方法，从中选一种最适合的分辨率尺寸作为设计基准，然后基于此再对其他屏幕尺寸和分辨率进行适配。

安卓应用的界面设计在选择屏幕尺寸和分辨率上一般有两种方法。

（1）以标准基础的分辨率（xdpi:720×1280px）作为基准来进行设计，然后向上或向下进行适配。

（2）以设备的最大尺寸（xxhdpi:1080×1920px）为设计基准，然后向下去适配其他尺寸。

为什么会选择这两种分辨率作为基准呢？我们知道，安卓设备中基于屏幕密度的抽象单位为dp（density independent pixel的缩写，独立密度像素），在安卓设计规范中，采取160dpi（mdpi）作为基准，此时1dp=1px；若密度为320dpi（xhdpi），则1dp=2px；若密度为480dpi，则1dp=3px（xxhdpi）。

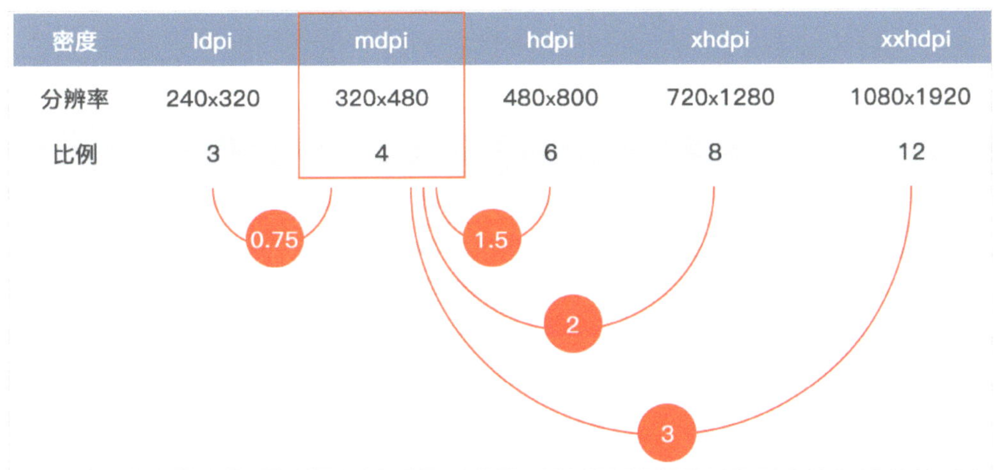

密度像素、分辨率、比例之间的关系（一）

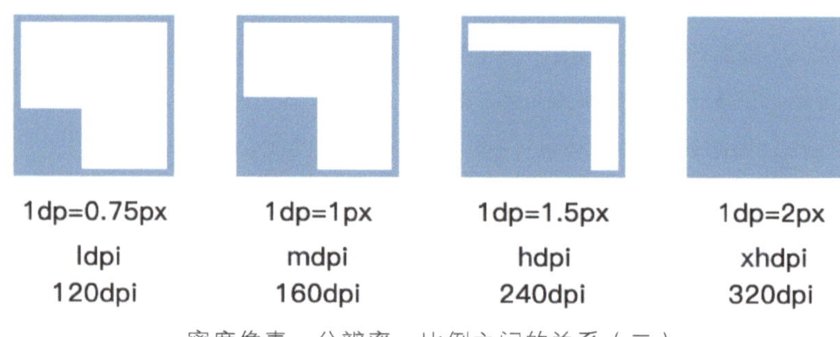

密度像素、分辨率、比例之间的关系（二）

如果设计尺寸以xxdpi（1080×1920px）来设计的话，因为这个尺寸是安卓手机中最大的，并且在这个分辨率下1dp=3px，相当于iOS系统中@3x的图片资源，所以只需设计一套界面设计稿，其他密度不需要提供，让系统自动生成对应的其他小尺寸的图片资源即可。

如果设计尺寸以xdpi（720×1280px）作为基准时，设计效果在相同分辨率的手机中显示适配，且在1080×1920px中看起来也较为清晰。此时1dp=2px，换算比较简单。xdpi相对xxhdpi（1080×1920px）而言，导出的图片大小适中，内存消耗不会过高，安装文件也不会过大。

- **界面元素尺寸和图标尺寸（以720×1280px的布局为例）**

通常情况下，48dp在物理屏幕上的大小大约是9mm，在UI设计中所有触摸类控件的推荐大小在7mm~10mm，因为在这个值之间会使控件的点中率大大增加，在视觉观感上也比较舒服。因此，当可触摸控件的高度和宽度大于等于48dp时，一方面可以保证你的控件在任何设备上都不会小于7mm，同时也能保证控件中的内容在视觉呈现上较为明确，不会产生误触的现象。这便是所谓的“48dp定律”。

如下图所示，左侧铅笔图标的大小是48×48dp，右侧按钮的高度为48dp，宽度为483dp，大小符合“48dp定律”。图片和按钮之间的间距为8dp，以此保证图片和按钮具有适宜的间距。按钮内容和按钮的边缘间隔为4dp，如此情况下，即便两个按钮控件上下并排置于一起，也能保证两个按钮内容间的间距为8dp，达到了视觉上的美观性。

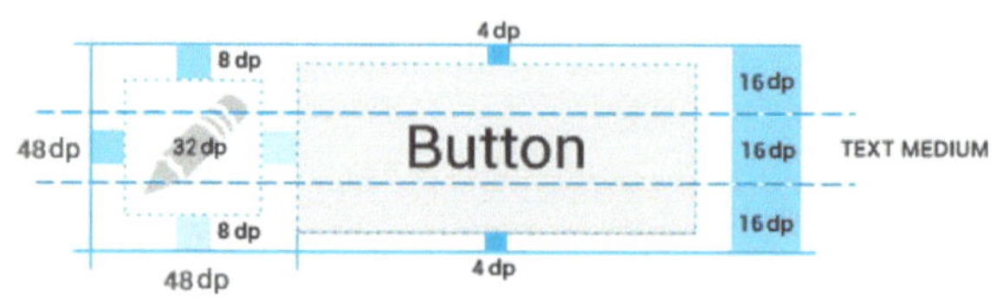

“48dp定律”示例

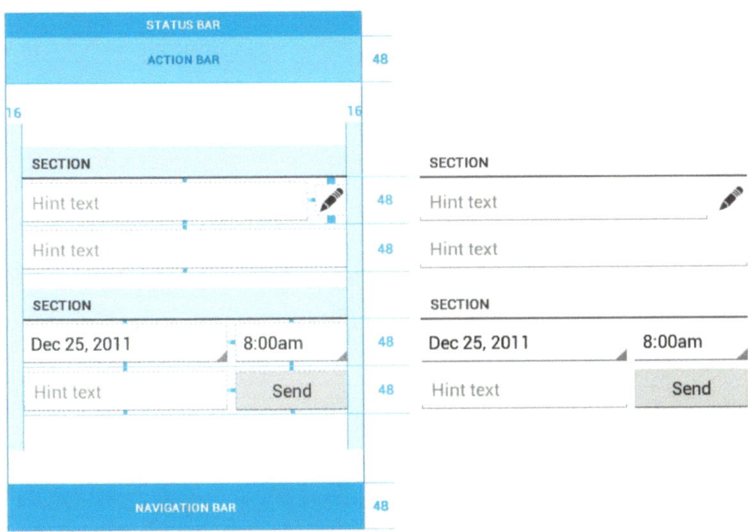

安卓系统中的多数尺寸规范都符合“48dp定律”

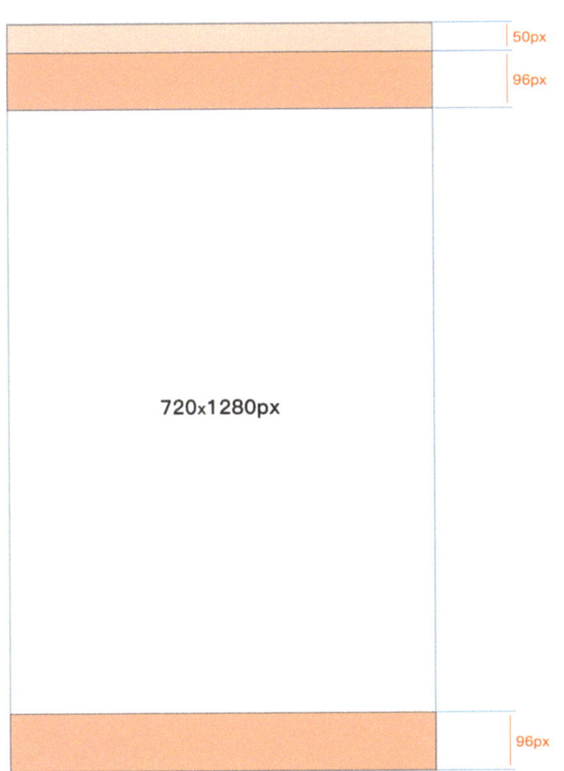

720×1280px尺寸下各区域的尺寸要求

如果设计尺寸为720×1280px，根据“48dp定律”及以往的设计经验可以总结出以下一些主要元素的尺寸要求。

状态栏高度为：50px。

导航栏高度为：96px。

主菜单栏高度为：96px。

内容区域高度为：1038px。

从市场上可以看到，安卓最近推出的手机终端几乎都在硬件上去除了实体键，把功能键移到屏幕中，高度当然也与菜单栏一致，为96px。

安卓应用的启动图标和主菜单图标的大小均为48×48dp。

操作栏图标（Tab、Dialog、ListView）的整体大小为32×32dp，图形实际区域为24×24dp。

小图标/场景图标，如Gmail中的星形标记、一些代表内容展开或收起的箭头图标等，整体大小为16×16dp，图形实际区域为12×12dp。

3.3.2 字体的选择与大小

下图为iPhone 6/6 Plus中常见字体的大小规范。在实际设计中，安卓系统在1280×720px的分辨率下，字体大小一般比iPhone 6的字体小2px。

名称	iPhone6	iPhone6 Plus
导航栏标题	34px/中等	48px/中等
常规按钮	34px/一般	48px/一般
表单头部	34px/重要	48px/重要
TAB标签	28px/常规	44px/常规
TAB工具条标签	22px/常规	30px/常规

iPhone 6/6 Plus中常见字体的大小规范

3.3.3 标注与切图

1. 界面标注

完成界面设计后，我们需进行设计工作的交接，而其中，切图是一项重要工作，它将帮助之后的技术研发更好地达成设计内容的实现。在切图之前，我们通常要对已完成的界面进行标注，以便程序员更多地参照标注图来实现界面。标注的内容一般包括：元素在界面中的位置、元素之间的间距、元素的大小及颜色、字体大小等基本信息。

sp、dp是安卓的默认单位，可根据不同的屏幕大小进行自适应，同样的字号在不同的屏幕尺寸下显示的视觉效果不同。与dp和px的换算关系一样，在160dpi的分辨率下，1sp=1dp。

px属于固定像素值，不会主动适应屏幕大小，不同的屏幕尺寸下显示的视觉效果、大小效果相同。

Android的标注界面　　　　iOS的标注界面

2. 切图方法

一般而言，我们在实际项目的界面设计中，为了提高设计效率会使用相应的切图工具来对界面中的元素进行切图。

- **Photoshop CC中提供了便捷的切图功能**

我们对图层分组并命好图片名(xx_xx.png)，最后执行“文件”→“生成”→“图像资源”菜单命令，此时会生成一个文件夹，文件夹中便是分组的图片元素。

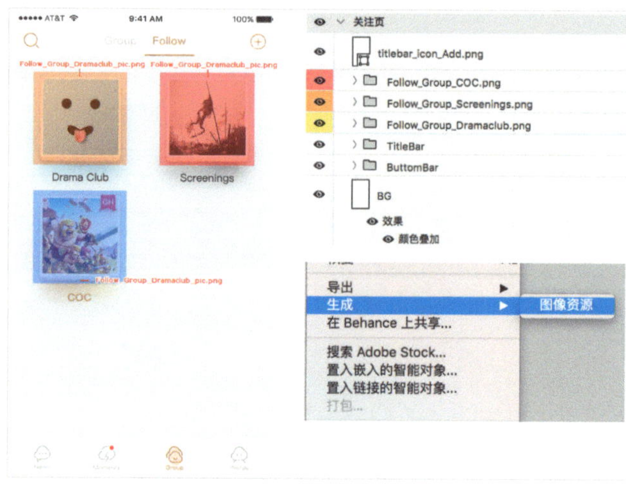

便捷的切图功能

- **利用切图工具**

下图所示的切图工具是Cutterman出品的Parker。Parker是一款Photoshop插件，提供坐标标注、元素尺寸标注、边缘距离标注、元素相互距离标注、添加文字说明、文字信息和标注图层信息等相关功能，能够帮助设计师更便捷、准确地开展切图工作。

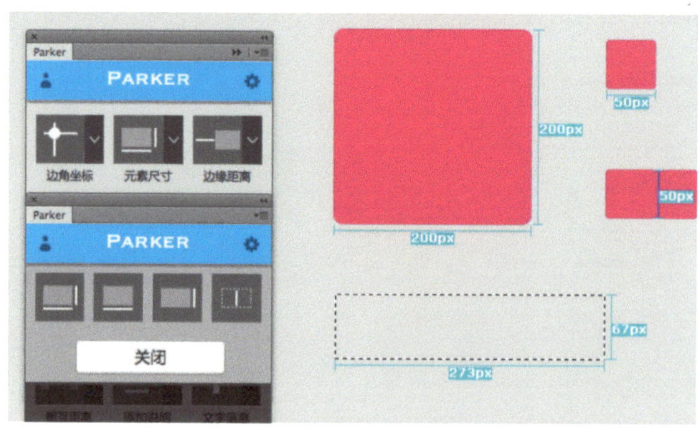

Cutterman出品的切图工具Parker

04

微“图”大义的图标设计

图标设计，既是一种特定图形符号的组合与重构，也代表了一种特定意义的生成。在移动互联网产品设计中，图标设计有着特殊的重要性：一方面，它具有审美意义，“好看”的图标会令人对界面的视觉接触感到愉悦；另一方面，它直接关乎用户体验，“易用”的图标会助益于用户的界面操作，在一定的隐喻和象征意义下发挥其更为深刻的作用。在这一章中，我们将“图标”从简单的设计艺术学视角中剥离出来，从“图标”到图标的实现过程，需要考虑的或许还有其他更多因素和细节。

4.1 UI设计中的图标设计

4.1.1 图标设计的特点与意义

1. 图标的定义

图标，我们也通常称呼其为icon，通过图形化符号进行一定隐喻设计的方式对视觉信息进行组织和传达，从而建立起用户与操作界面之间的联系和互动。在UI设计中，图标虽小却“足以为道”，无论在审美性或者功能性上，图标设计都是其中至关重要的一部分。

在早期的计算机界面设计中，由于硬件环境的限制，图标设计都较为简单和直观，视觉呈现上多以像素风格为主。像素风格主要是指以颗粒状的像素作为设计的基本单位，通过像素在形态和色彩上的不同组合方式，形成各类特定的画面风格。由于像素图空间占比小，色彩单一，诸多细节都可能被忽略，因而只能借助抓取主要视觉特征的办法来表现。随着计算机硬件的不断迭代和发展，图形化界面变得越来越丰富，表现形式也随之越来越多样化。然而，正因图标在界面中使用频率和使用强度的增大，围绕图标所开展的设计受到越来越多人的关注，其设计理念也显得愈发莫衷一是，设计风格渐趋杂乱无章。部分设计师会设计一些个性化的物量来传达图标含义，或者将同一种视觉呈现下的图标运用在不同产品中构成歧义，这些都易于造成用户在对视觉信息进行意义解读时产生困惑。所以，在我们设计图标的过程中理应使图标设计更为规范与统一，这是使界面更友好也更易被用户理解和接纳的基石。

早期的Windows和Mac系统由于受硬件的限制，图标的风格都以像素化为主，色彩单一，基本没有丰富的细节设计。

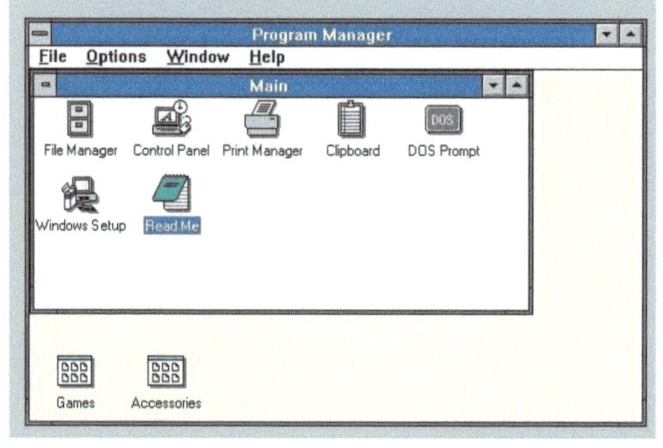

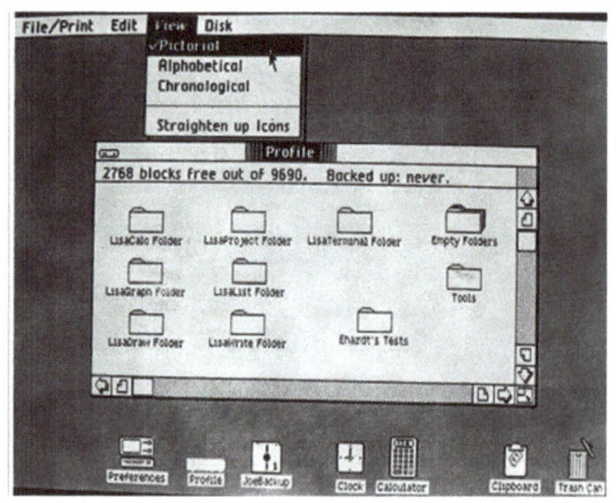

早期的Windows和Mac系统界面

如今的Windows和Mac系统无论在硬件环境还是软件环境下，图标设计都变得更加丰富多彩起来。

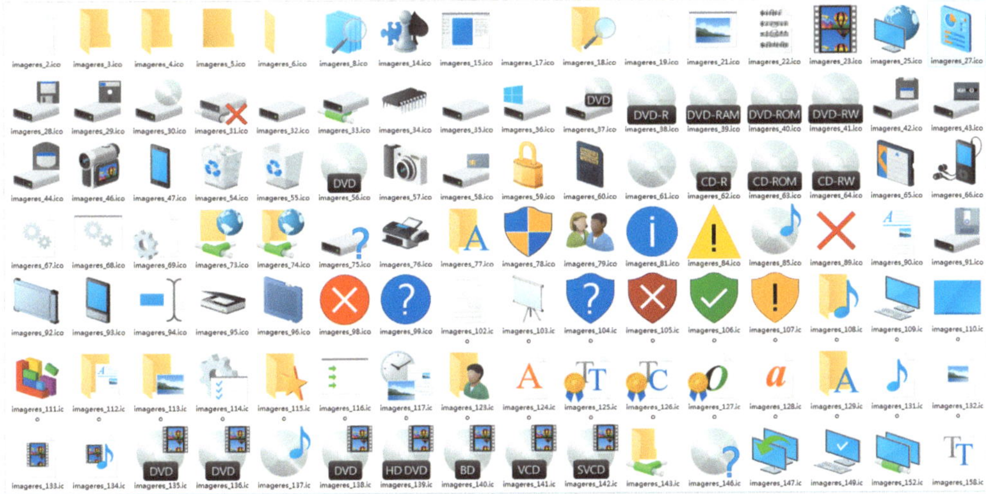

各操作系统的图标设计正在变得更加丰富多彩

2. 图标设计的基本原则

▪ 可识别性

可识别性原则主要是指图标的设计能被用户快速理解，同时便于记忆。这一要求十分重要，因为图标所发挥的作用在一定程度上与文字的功能相似，都是将特定的信息以一种特定的组织形式传达给受众。虽然文字符号有着直观和有效的优势，但缺点在于语言文字的复杂性有时会导致对受众的意义生成构成阻碍，通用性较差。而与此同时，因图形符号的具象性与生动性，人类对其的记忆能力要比文字强很多。因而，图标的设计应当以准确、生动地表达相应信息作为基本要求，也就是说当用户看到图标时要能快速对这一图标的含义或寓意做出反应或联想，如生活中最常见的男女厕所的标识。

厕所标识在人们的日常生活中随处可见，其图标设计以人体外貌及构造特点进行剪影化概括，进而产生明确的意义，简洁直观，易于识别

再如相机应用VSCO，这是一款目前较为流行的图片处理应用。VSCO的整体风格简约个性，包括图标设计都显得极简化、抽象化。或许正是富有个性的设计，致使图标识别性很低，在界面中实用性不高，更多的是修饰性的作用，若是没有注释文字说明，用户几乎不能理解这些图标的含义。

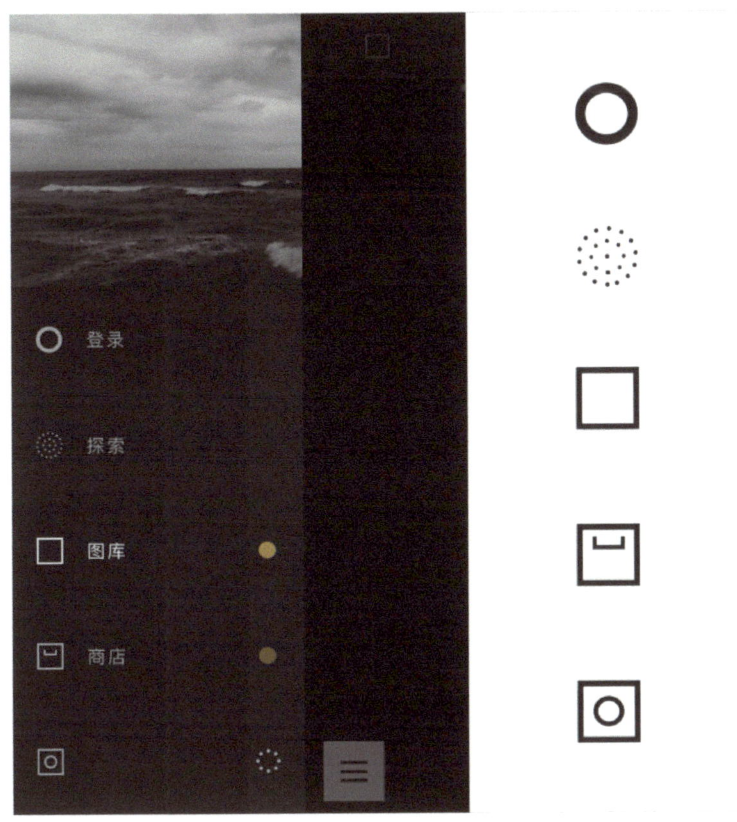

相机应用VSCO界面风格及其图标的视觉风格

▪ 差异性

针对不同的界面功能，不同的图标设计才能够匹配不同的表达。当图标映入眼帘，用户能在第一时间内区别出它们在视觉上的不同侧重或特点，才能进一步对其所传达的含义加以解读。若针对不同的界面功能采取了外观相同或高度相似的图标设计，则会引发用户在操作上的混淆，用户体验也随之受到影响。然而很多设计师在实际设计过程中，经常会遇到诸多形态表达相近却实际指向不同功能的图标设计，在设计中图标的图形元素可能会重复出现，进而减小了图标之间的差异性。在这种情况下，若相同的图形元素无法取舍，可以在视觉上尽量缩小相同元素，并放大或强化图标之间的差异元素，同时辅以相应的文字进行标注说明（理想状态下，还是要尽量减少文字说明）。

下面这组图标虽然外观精致，且具有一定的设计个性，但图标间的差异化程度非常低，一眼看去很难分辨出其所对应的主要功能，用户在操作过程中也会产生相应的费解与困扰。

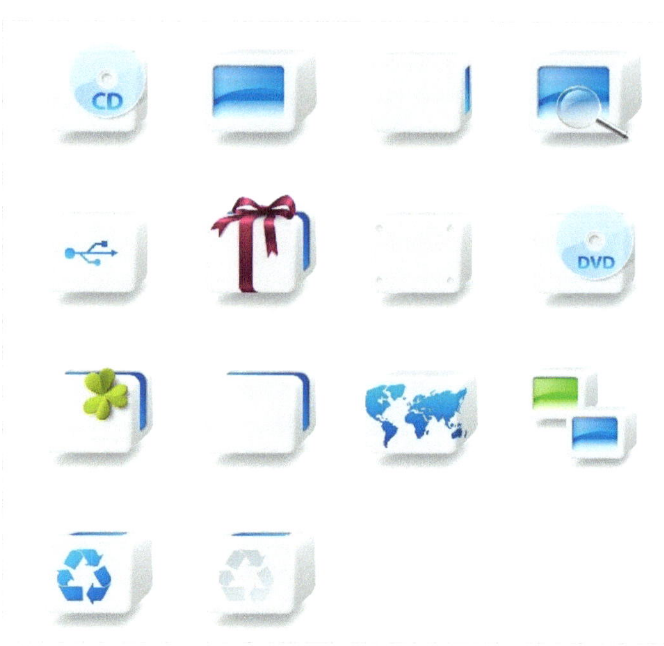

某系统的默认图标

全新的Mac OS系统中的图标设计，不仅能够令用户产生舒适的视觉观感，还通过了高饱和与反差性的色彩运用，带有拟物细节的生动化的扁平设计，构成了各图标间在设计上明显的差异，进而也能明确区分出不同的功能指向。总体看来，不同图标所表达的含义都较为准确清晰，至少用户在视觉接触上是一目了然的。

Mac OS系统中的图标

■ 合理的精细度

依据图标的识别性原则，我们能够发现，图标最大的优势在于能够被快速识别和记忆，进而发挥其在用户操作中重要的一次点击。因而，在实际的使用场景中，图标的功能性是先于审美性的（这并不意味着审美性不重要）。由于受移动终端（如手机、平板电脑等）屏幕空间的限制，图标的尺寸规格一般都比较小。在如此有限的有效视觉范围内，过度简易的细节将模糊其识别要点，但过度复杂的细节也往往会给用户带来困扰，增加图像识别的成本与难度。所以设计师在进行图标设计时，应在满足图标识别性的前提下，确立设计的目的性，适当增加图标的细节，匹配设计的美观度，避免陷入过度追求光影和质感的窠臼，以至于为用户造成不必要的视觉干扰（甚至令用户产生多义或歧义的理解）。

图标设计的可用性并非越精致越好，其与精致程度的关系更像是一条波峰曲线，如下图所示。在达到峰值之前，图标越精致其可用性越高，当精致度越过峰值后，图标的可用性就开始降低。而峰值临界点的确立，便是设计师对这一套界面中的图标设计所做出的识别性与审美性的权衡。

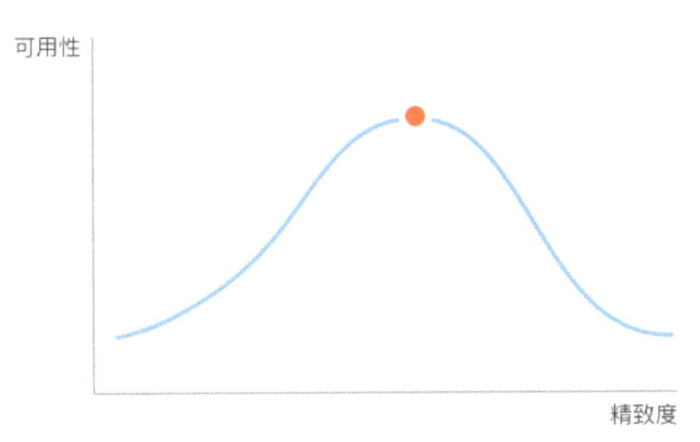

图标设计中“可用性”与“精致度”的关系曲线

我们以“照相机”图标的设计为例，如下图所示。从左到右的图标精致度由简至繁，我们可以发现图标过于简单和过于精致都会形成自身的缺陷，而处于上述波峰临界点的图标3与图标4虽然构成了不同的设计风格，但都是较为适宜的选择。

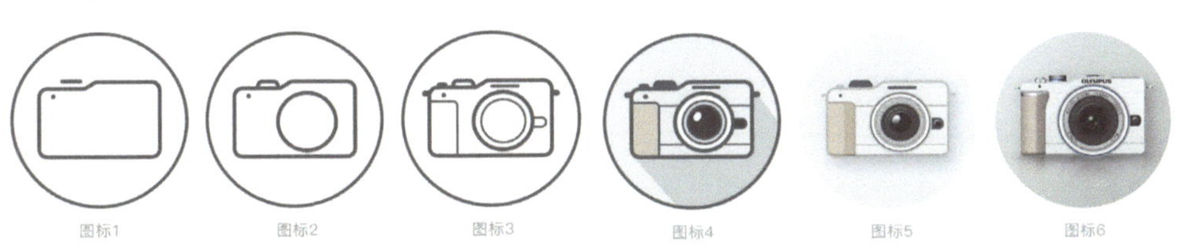

不同精致程度的图标在视觉上的呈现

- **视觉统一性**

在界面设计中，一套图标的视觉风格需要保持统一，这样的界面呈现才会显得稳定而专业。视觉统一性的基本要求主要包括图标的视觉风格统一、尺寸大小统一和色彩统一，这3点更像是图标设计的基本规范要素。

图标的视觉风格一般有4种基本取向：像素图标、三维立体图标、写实拟物图标、扁平化图标。我们在设计一套图标之前，应当根据受众群体、品牌调性以及功能特点等因素，对图标的设计风格形成一个准确明晰的定位。毕竟，不同的设计风格会直接影响图标的整体视觉呈现，甚至影响整套界面的视觉品貌。

风格不统一的一组图标

在许多应用中，针对不同的功能，设计师有时会采取不同风格的图标进行区隔，其中最常见的类型即是填充型图标与线性图标。线性图标视觉冲击力相对较弱，因其主要由单薄的线条构成，故而整体性不强，但总体上会令界面更为简洁、轻盈；填充型图标较于线型图标而言，视觉上更为饱满、扎实，用户对其的感知和记忆能力也相对较高。依据这两种风格的特点，设计师一般在界面中需要被用户快速感知和记忆的功能入口处采用填充型风格的图标，而界面中的操作图标更多会采取线型风格的图标。需要说明的是，如果设计师对一整套设计的统一性有严苛要求的话，或许两种视觉风格的结合并非最合适的选择。

风格统一的一套线型图标

风格统一的一套填充型剪影图标

下图中，从左至右分别为Twitter、YouTube和Instagram的界面，我们可以发现不同风格的图标分别代表不同功能，但同一类型的图标风格保持一致。

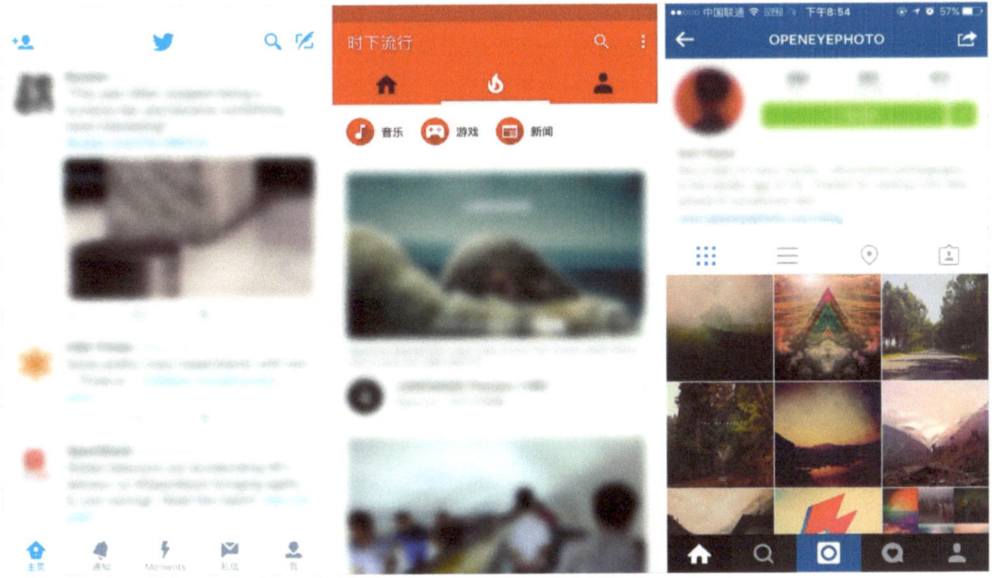

Twitter、YouTube和Instagram中不同风格的图标

通常情况下，应用中会出现许多不同尺寸的图标，这依据不同功能模块和系统设计规范而定，是设计开展中合理、正常的状况，需要设计师格外观照。而在这里我们所谈论的“图标尺寸大小统一”，主要是指在界面某一功能模块内，不同图标的尺寸不应出现大小不一、形态各异的明显风格差异。对于有规整边缘和背景的图标来说，尺寸比较容易统一，但在实际中可以看到，目前不规则形状的异型图标在界面中的使用频率也非常高，那么在不规则形状的异型图标设计中，我们如何较为协调地做到尺寸大小统一呢？

我们来尝试理解一个简易的案例。

由于圆形、正方形和三角形外形轮廓的差异性，虽然它们高度相同，但视觉体量感却是不同的。如将下图中的图形并置，并用基准线加以勾勒，可以看到对齐的3个图形中，正方形的视觉体量在视觉观感上会明显大于其他两个图形。

对齐的3个图形中，正方形的视觉体量在视觉观感上会明显大于其他两个图形

因此，在设计图标时，设计师不能想当然地全然依照简单的“对齐参照”判断尺寸大小，而应结合异质形状的基本结构与特征，用一定的“视觉感受”加以判断。例如，下图中圆形和三角形的高度都稍微高于参考线，这样三者的视觉体量就不会产生明显的失衡感了。

将图形和三角形的高度调整得稍微高于参考线，避免使3个图形的视觉体量产生失衡感

在实际项目中，我们还会经常遇到这样的情况：图标外形轮廓和内部复杂程度不同。若完全依照宽高比来统一图标尺寸，便会出现视觉体量感的明显差异，而在观感上图标尺寸的不同，会进一步被用户“放大”，毕竟，主观感受或许是更为强势的。所以对设计师而言，你的眼睛也是用户的眼睛，理性判断固然重要，但需要在很大程度上结合一定的感性知觉，这也是为用户着想的一种反映。

图标的“色彩统一”主要指同类型图标之间在色相、明度和饱和度等方面的特征统一，以及图标与界面整体色彩匹配的统一。若图标的色彩填充形式为单色，一般会采取该产品的主色调或品牌色；若是多色图标，则一般选用与界面风格相似的一组色彩，这组色彩可以是邻近色、类似色、互补色。

Flat UI Colors将扁平化设计中最受欢迎的色彩取向进行了一次梳理，这一组色彩概括出了我们在开展设计时的色彩选用趋势，如下图所示。

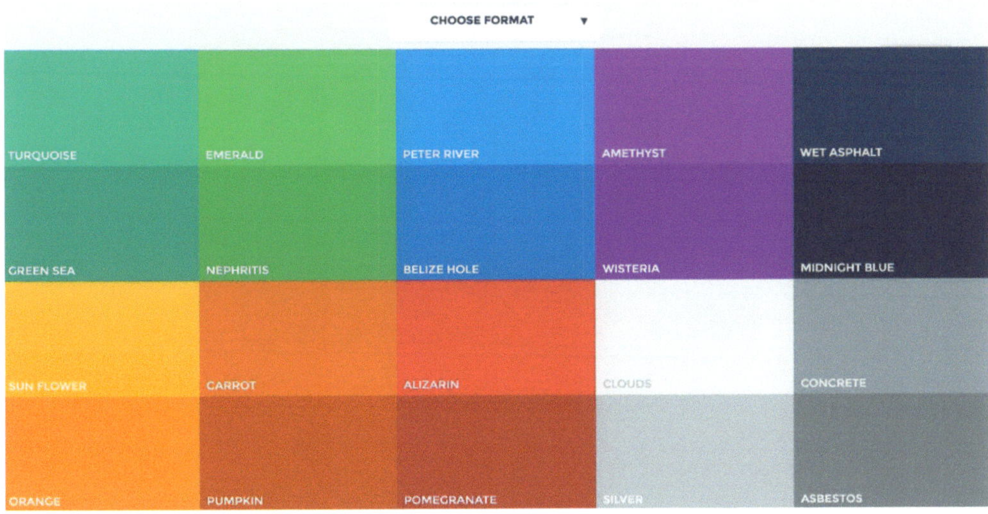

Flat UI Colors网站截图

Material Design在配色方面有自己的一套独特理念：充满活力（高饱和度、高明度）的色彩、“意想不到”的色彩知觉，以及耐看的色彩组合（鲜艳的色彩组合经常会令人视觉疲劳，因而对于鲜艳色彩的组合关系更应充分观照）。

Material Design官方配图

Google Play Store全新的图标设计更为清新、时尚、富有动感，色彩依旧十分鲜明，并采用了一致的三角形背景加以统一，如下图所示。

Google Play Store全新的图标设计

下面这组图标色彩采用了复古色调，结合拟物化的图标设计为用户营造出轻松诙谐的观感。

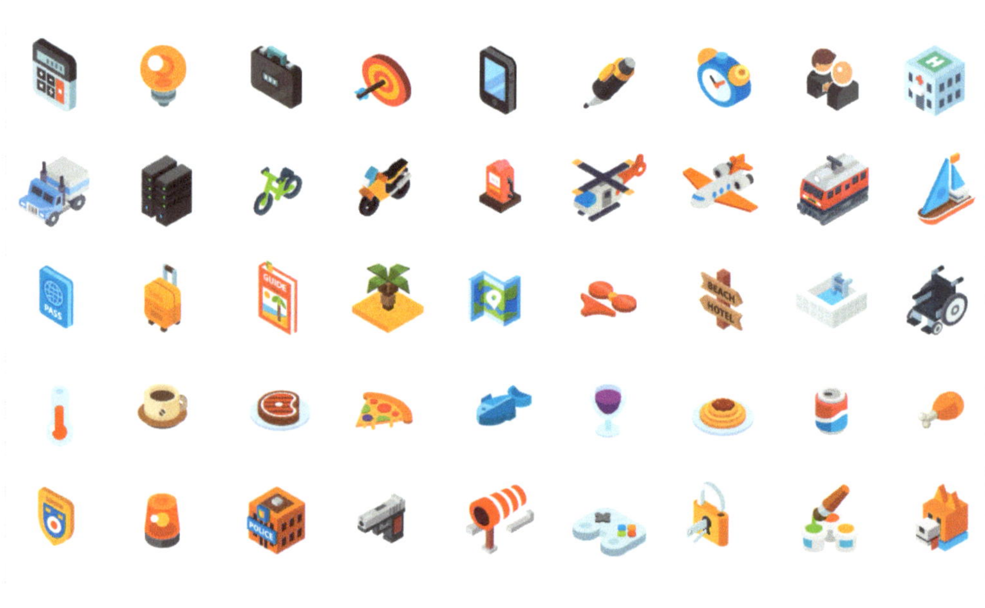

复古色调的图标设计

3. 图标设计的意义

在很多设计师看来，图标这几十年的演变史就是计算机系统的发展历程。从1973年世界上第一个拥有GUI界面的计算机系统——施乐公司的Xerox Star，到如今种类繁多、功能特色各异的系统，图标设计的发展也追随系统的变化经历了从像素图标、超写实的精致图标到如今的扁平化图标。在不断发展的过程中，变化的不仅是视觉风格（图标或许是个体中的缩影），也更深刻地反映出了人机之间交互关系的转变。

- **形式服从功能**

早期计算机系统由于硬件技术的不成熟，功能相对比较简单，能够涉及的领域也非常少。所以早期界面的视觉呈现，甚至图标设计，都受到计算机系统性能方面的限制，只能用最简单的图形来对功能进行直观展现。随着计算机系统硬件性能的飞速发展，图形化界面也得到很大的提升和改变。同时伴随着计算机的功能臻于丰富、细化，图标设计的形式也逐渐步入多样化，视觉效果也变得越来越精细。这同时在提醒我们，图标是用户进入功能的“关卡”，它的重要性在美观之外还有更多体现，切勿因对“美”的追求模糊了其存在的本质属性。

- **形式追随体验**

随着计算机系统趋于完善和稳定，特别是包括手机在内的移动终端的出现，智能设备逐渐成为人们生活中不可或缺的工具。图标种类在不断多样化的同时，形式和风格却逐渐趋于简约，这种简约是对更好的用户体验的一种呼应。如同扁平化设计的深层逻辑一样，其并非简单的视觉扁平，它反映出的是一种用户操作层级的“扁平化”。

4.1.2 如何确定图标的物象

1. 标准模式的图标物象

- **主页/主界面图标**

通常情况下，手机应用的主页图标我们会用“房屋”图标加以指代。主界面一般是应用启动后默认优先显示的页面，也是该应用的首页。房屋图标在应用中并不直接表示“家”的含义，更多时候它相当于一个入口提示，或是展示基本功能的一个导览界面提示。因为主界面在用户操作中出现频次很高，用户也最容易记忆。当用户在其他界面中遇到问题时能随时返回熟悉的界面，从用户心理角度考虑，“房屋”形象更具有安全感和归属感，此时“家”的隐喻作用也得到了感性的彰显。

Twitter的主页是一个关注或推荐好友的状态聚合页。Twitter主页的图标很有趣，也很有人情味。因为Twitter的Logo是只蓝色的小鸟，所以主页图标设计成了一个鸟窝的造型，在品牌展示和生动性上保持了很好的统一。

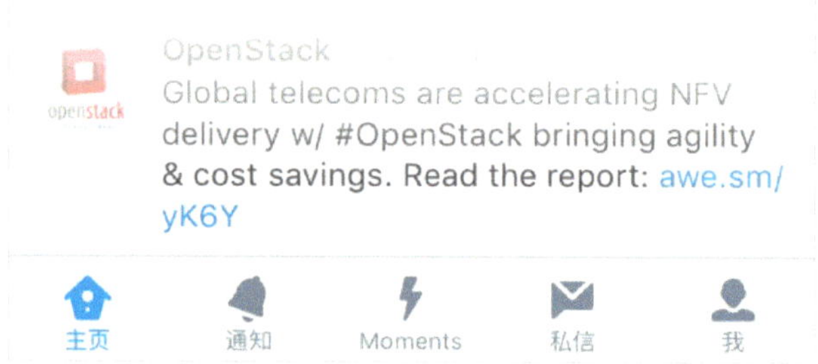

Twitter应用中的首页图标

闲鱼应用中的首页图标也是典型的房屋造型，其页面主要功能是以卡片的形式展示推荐商品。闲鱼的首页图标在填充型的基础上保留了深色的描边，整体风格可爱灵动，符合年轻受众群的品牌调性。

闲鱼应用中的首页图标

亚马逊首页的功能主要是为用户提供各种不同商品门类的入口。用房屋造型加以表现也显得更为贴切，就像是一个商店的门面，里头的各种商品标签挂在商店的玻璃上，十分生动形象。

亚马逊手机应用中的首页图标

搜索图标

针对搜索功能，我们通常会使用放大镜图标加以表现，从某种意义上看，这一物象也更被用户所广泛熟知。在网页设计中，放大镜除了代表搜索功能外，有时也会代表放大与缩小的功能（在放大镜中添加“+”或“–”的图形元素）。因为手机端通常采取多点操作的方式实现放大、缩小，所以较少出现类似放大或缩小的操作按钮。

无论搜索功能出现在哪里，“放大镜”这一物象基本具有一致的含义。

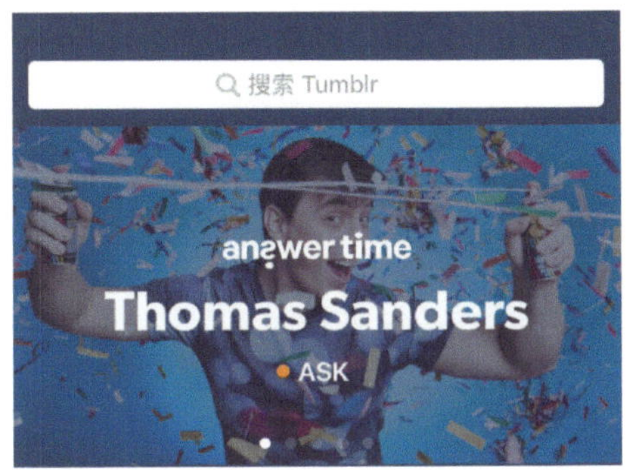

不同应用中的搜索图标

设置图标

设置功能一般采取“齿轮”图标加以表示。齿轮图标在造型上元素比较简单，也易于理解和识别，所以在应用中得到广泛采纳。当然，除了常规的齿轮以外，很多应用中会用“滑块控件”和“扳手”来表示设置功能。扳手和齿轮在工具属性上的含义基本一致，都是人们日常生活中的通用工具，但扳手在造型上不如齿轮具有层次差异方面的审美性，故而在设计中的使用频率没有齿轮高；滑块控件采用手机界面中开关样式设计的图标，在造型和寓意上更能直观地传达手机应用的设置功能。

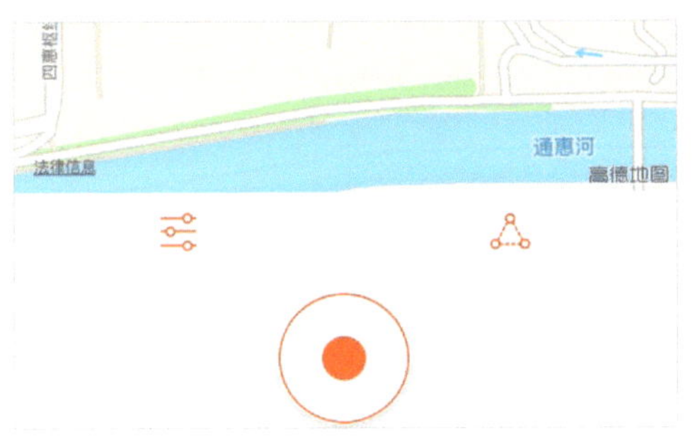

在健康应用Strava中，设置图标采用“滑块”造型加以表示

在常见应用中，齿轮图标应用仍然十分常见，表意也最为明确。

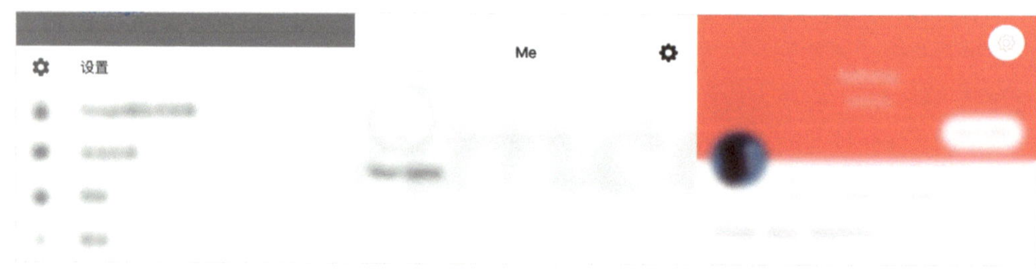

不同应用中的设置图标

- **收藏/评分/喜欢/赞图标**

收藏与评分功能一般会使用“星形”图标表示。这两个功能都采用抽象的图标造型进行释义，同时，星形在不同情景下也有着不同的代表寓意，因而在使用时要注意避免因图标相同而产生歧义的冲突情况。

“喜欢”和“赞”这两个功能通常用以对内容或用户的评价。平时较为常见的是“喜欢”会用“心形”图标来表示，通常是对某一具体事物做出的评价，如商品、音乐等；而“赞”一般会用“大拇指”图标来表示，通常是对某一状态或行为所进行的评价，是社交应用中给好友的状态做出反馈的最简便操作。

在很多电商类应用中，收藏和评分功能都会采用星形图标来表示

点赞功能在社交应用中的不同运用形式

点赞功能在社交应用中的不同运用形式（续）

■ 定位/位置信息图标

与定位、位置信息相关的功能一般使用“大头针”图标加以表现。

很多旅行服务类应用中，如Vurb、Reserve等，定位图标代表用户所在地点周边备选处所的位置信息和相关类型。

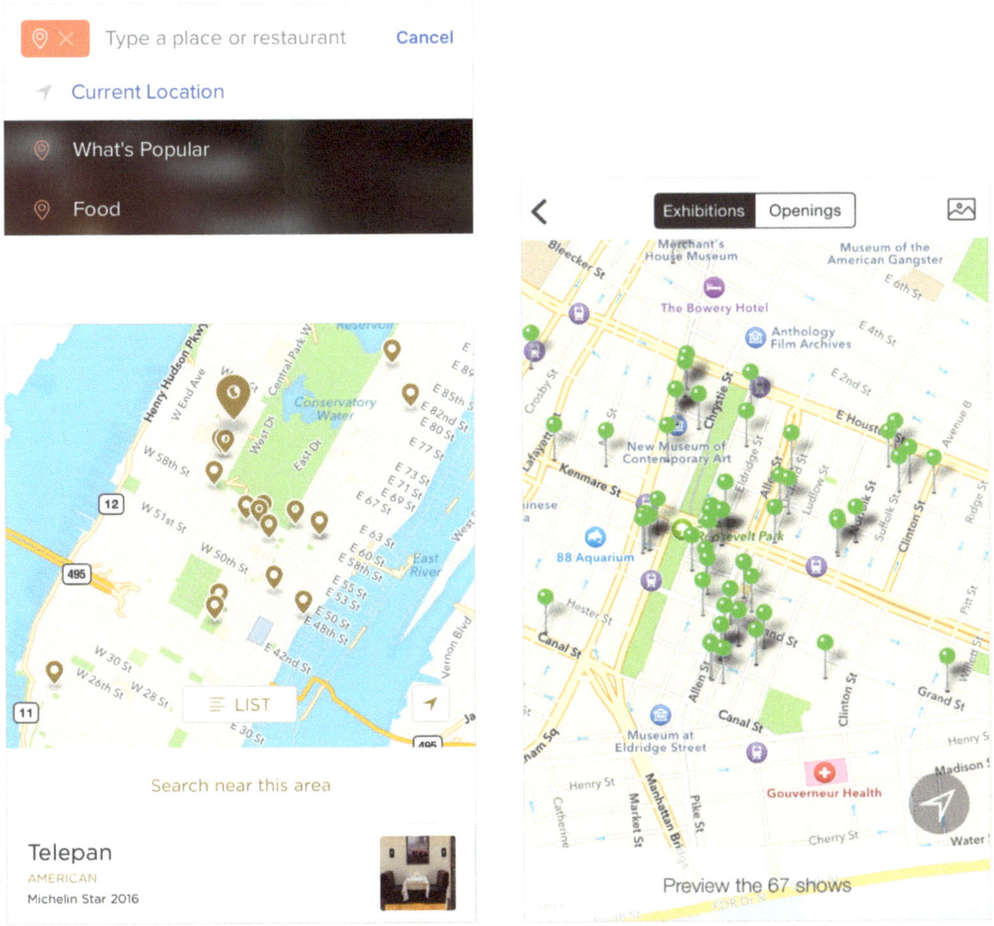

应用Vurb & Reserve中的地图界面

在社交应用中，定位图标通常的作用是为用户提交当前的地理位置信息，如下图为Line投稿页面里的选项栏。

Line投稿页面中的选项栏

- **用户/好友图标**

一般情况下，用户/好友会用简化或剪影式的“人像”图标来表示。在平时的应用中，我们常常会看到单人像图标和双人像图标。单人像图标一般表示用户个人，主要用在个人账户以及个人主页的导航入口。除此之外，单人图标也表示好友和联系人，强调的是用户与某一个人的关。双人图标则常指代群组关系，强调的是集合之间无特定对象的关系。

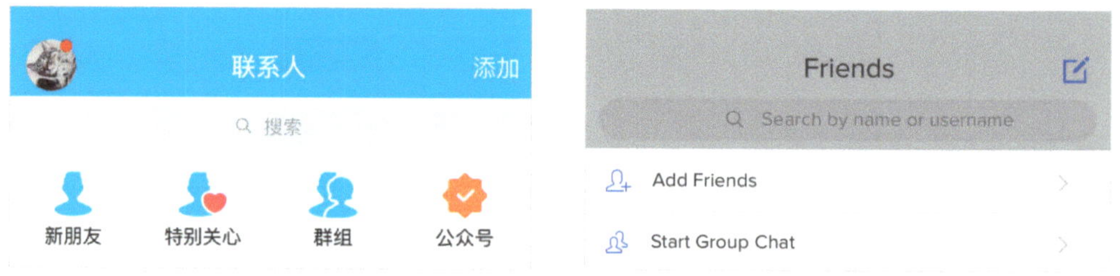

QQ和Vurb应用界面中的用户/好友图标

- **编辑/创建新消息图标**

编辑和创建新消息都需要用户手动输入内容，因而我们常常会使用“铅笔”图标对这两个功能加以表现。目前，越来越多的应用逐渐简化铅笔造型，并添加了方框元素，使其不仅有“在纸上写字”的形象感，也改善了单个铅笔图标薄弱的造型，增加图标的体量感，使其能与其他图标更好地统一。

Tumblr应用界面中的铅笔图标表示发布信息，其中的信息包括图片、文字、视频、音频和链接等多种类型。

Tumblr应用中的铅笔图标

在The Day应用的菜单中，铅笔图标代表编辑功能。

The Day应用中的铅笔图标

■ **删除/清除/关闭/取消图标**

删除功能的目标十分明确。一直以来，无论在PC端或移动端，都采用“垃圾箱”图标来表示删除功能。在手机应用中，垃圾箱图标的样式也比较统一，基本不会构成太大的差异，用户也容易理解。

清除功能是指清除界面中的文字等信息，一般会用“叉号”图标来表示。叉号图标所指代的意义较为广泛，不仅能表示清除功能，还表示关闭或取消某一界面的功能。

清除和删除两个功能在行为目标上是一致的，但对象方面略有不同：删除功能一般指删除某一文件或用户等，用垃圾箱图标来表示；清除功能则更常用于清除某一段文字、清空某一列表等具体文本信息，用叉号图标来表示则会更为明确。

在QQ和网易音乐的应用界面中，垃圾箱图标分别代表删除语音和歌曲。

QQ和网易音乐应用中的垃圾箱图标

叉号图标在不同情境下表示的功能有一定差异，下图中，左图叉号图标表示关闭提示，右图则为清除输入文本。

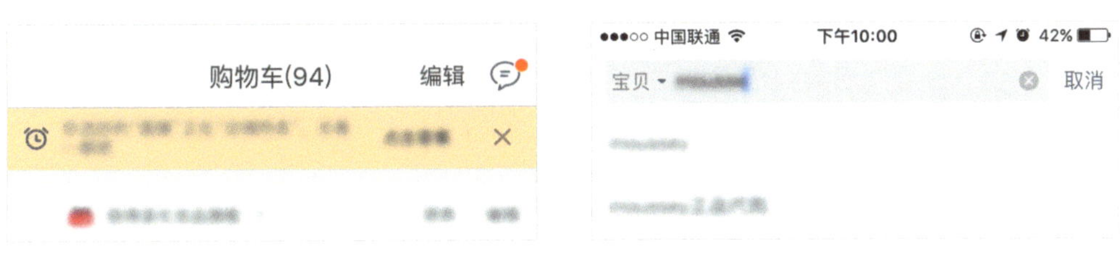

不同情况下的叉号图标

■ **照相/图片/照片图标**

“照相”也是我们日常生活中比较常见的一种行为，因而用“相机”图标来表示照相功能是最为直观和确切的。手机中的图片、照片功能我们一般会用“两座山与太阳”的组合图标形式加以表示——山和太阳的组合很容易让人联想到自然风光，进而唤起用户记录与拍摄美好风景这一行为的记忆，此外，山和太阳没有明确的指向性，比起人像或静物它的通用性更强。因此将这一既定组合形式与图片/照片功能相联系，用户辨识这一功能也更便捷。

需要说明的是，也有例外的情况，在很多手机图标中会使用新的物象来表示照片/图片。如iOS系统中的相册图标便用向日葵指代，其意义和设计理念基本与上述相似。

很多应用都会经常用相机来表示拍照，用山和太阳的组合形式来表示照片/图片。

相机图标和照片/图片图标

部分应用会将拍照和选择照片这两个操作放在一个图标入口内，用户点击后进入二级页面，再选择是拍照还是从相片库里调取照片。

拍照和选择照片的入口设置

■ **侧边导航/更多图标**

“侧边导航”（汉堡包菜单）这一功能曾一度流行，基于节约有限的屏幕空间为用户带来沉浸式体验的前提下，将导航图标隐藏在侧边抽屉里。但我们逐渐发现，侧边导航这种交互方式也有自身的弊病：用户不易发现入口、使用成本高、操作低效等，使得当前很多应用对这种交互方式有所“抛弃”。侧边导航菜单一般会用“3条短线”图标来表示，如汉堡包一般3层叠在一起，所以也称汉堡包菜单。3条短线图标其实是较为抽象的表现方法，在不同情境下用户会产生不同的意义解读。在图片展示界面中，3条短线图标表示的是一种排列方式，让图片以列表视图的形式呈现。

“更多”功能一般是用于显示那些无需在界面中呈现的操作、导航及信息。通常情况下，我们会用3个实心圆点表示。

iOS应用中的Munchery和Elevate采取了常见的左边侧滑导航设计。

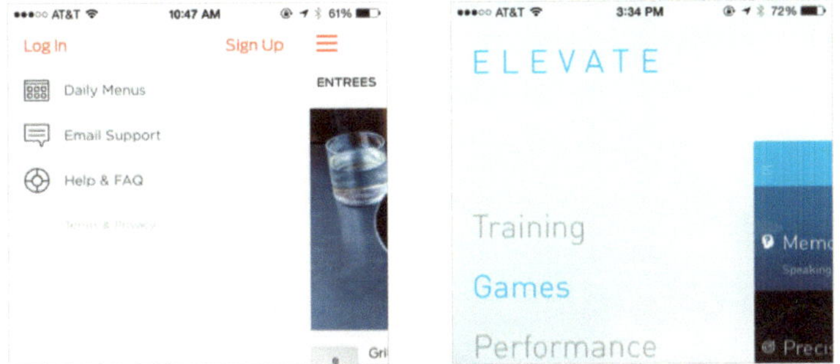

左边侧滑导航设计

在图片设计应用Instagram中，3条短线代表切换至列表视图模式。

Instagram应用中的“切换”图标

下图中的应用分别是Google Photo、Vibbidi、Imprint。在安卓平台中，3个实心圆点一般为垂直排列，iOS系统则水平排列较多。

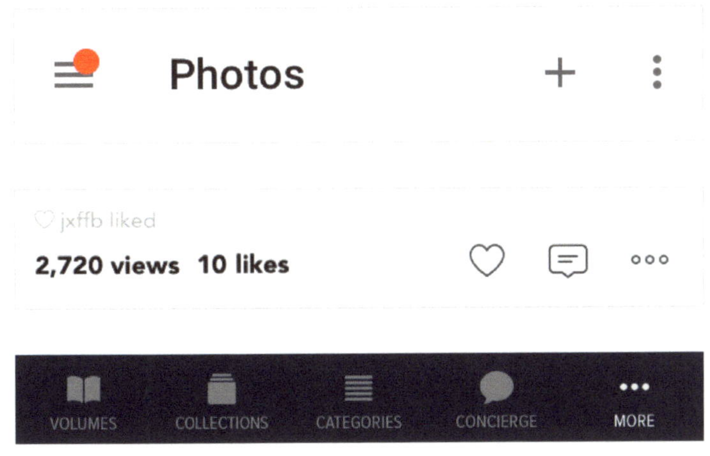

不同应用中“更多”的排列方式

- **分享图标**

分享功能一般会用两种形式的图标来表示："相连圆点"和"箭头与方框组合"形式。它们之间的差异在于："箭头与方框组合"是iOS系统中的默认分享图标样式，"相连圆点"则是Android平台的默认分享图标。因而，iOS应用中的分享功能更多使用"箭头与方框组合"图标，Android应用中的分享功能则基本使用相连圆点图标加以表示。

iOS应用： 如Vurb应用和iOS应用相片功能。iOS应用中的分享图标基本都是"箭头与方框"的组合样式。

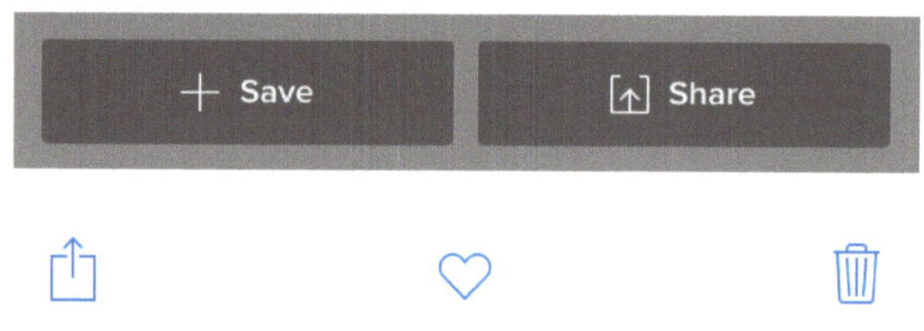

iOS应用中的分享图标

Android应用： 如Yummly应用和Tribe应用。安卓应用中的分享图标样式多为3个圆点相连。

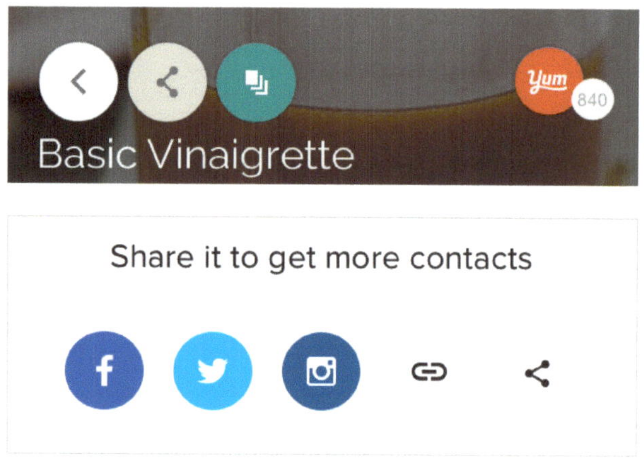

Android应用中的分享图标

2. 非标准模式的图标物象

常见应用中有很多除了通用功能外的相关特定功能。在这种情况下，我们如何根据图标的功能去确定它的物象呢?

图标的功能是具体的名词，现实中有具体的实物可以参照。这类图标的设计相对较为简单，一般找到可参照的实物后，根据实物的造型进行提炼和简化即可。

下图为Airbnb应用中形象的家具电器图标。

Airbnb应用中的家具电器图标

图标的功能是表示某一特定行为动作、附加特定修饰的实物名词、抽象名词。这类图标的设计相对比较复杂，因为现实生活中没有具体的实物可以参照，需要我们根据具体的功能提炼关键特征，发散思维，寻找可以相关联的典型物象或图形来表示其含义。

例如，我们经常看到在许多应用中有“发现”（Discover）这一功能。“发现”相对于其他功能来说是一个较为抽象的动词，并不能很直观地加以视觉呈现。此时，我们可以根据“发现”在应用中的功能去提炼关键特征。

“发现”功能的初衷是为了让用户在众多的信息聚合页面中获取匹配自己兴趣爱好的内容。例如，在社区页面中发现与自己观点一致的帖子，在众多推荐商品中发现自己一直想买的东西等。“发现”功能可以引导用户在一个没有明确目的的意识状态下触发“逛”这一行为，在用户发现自己感兴趣信息的同时，也让其他信息流得到了曝光。所以根据对功能的分析，我们可以提炼相应的关键特征：搜索、无明确目的、“逛”。

此刻，我们开始进行思维发散：“搜索”通常指搜寻和检索，我们很容易想到放大镜。但是放大镜一般代表的是有明确目标的特定搜索，与我们“无明确目的”这一关键特征矛盾。除了放大镜造型，我们可以继续“头脑风暴”有搜索功能的具体物象：指南针、雷达、望远镜等。望远镜从“搜索”和“无明确目的”这两个角度出发是比较符合“发现”这个功能的，但望远镜这个物象并不能很好体现“逛”这一关键特征，这里的“逛”其实指的就是展开搜索行为的一种过程，望远镜给人更多的是搜索结果之感。相较之下，指南针和雷达的优势是它们都能从造型上直观地令人发现或想象到搜索的过程，这也是为什么我们会选用指南针或雷达造型来表示“发现”的原因。

4.2 如何设计图标

4.2.1 图标的设计风格与表现力

风格统一应当是图标设计的一个基本原则，只有这样才能在界面中形成流畅自如的视觉感受，同时也能强化界面的整体性。在本章中，我们将对常见的两种图标视觉风格进行介绍，分别为扁平化风格图标与三维写实风格图标。

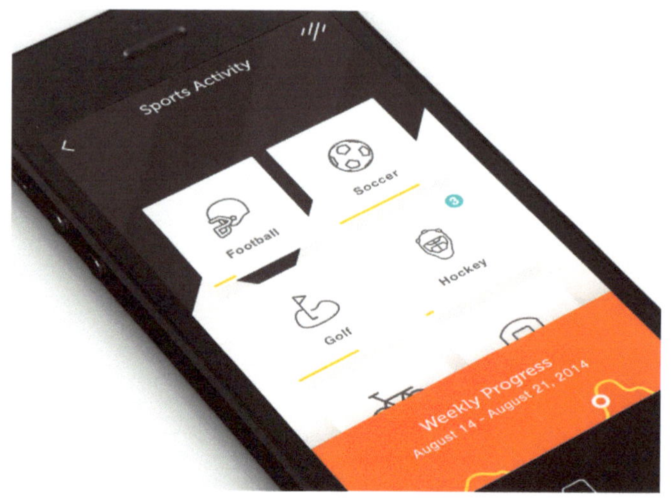

应用界面中的图标设计（一）

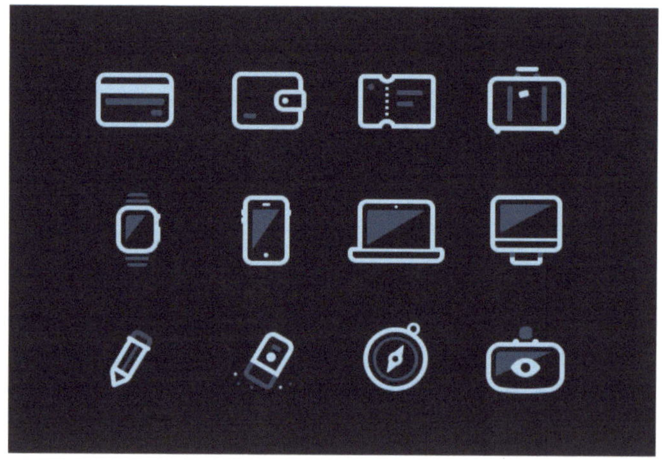

应用界面中的图标设计（二）

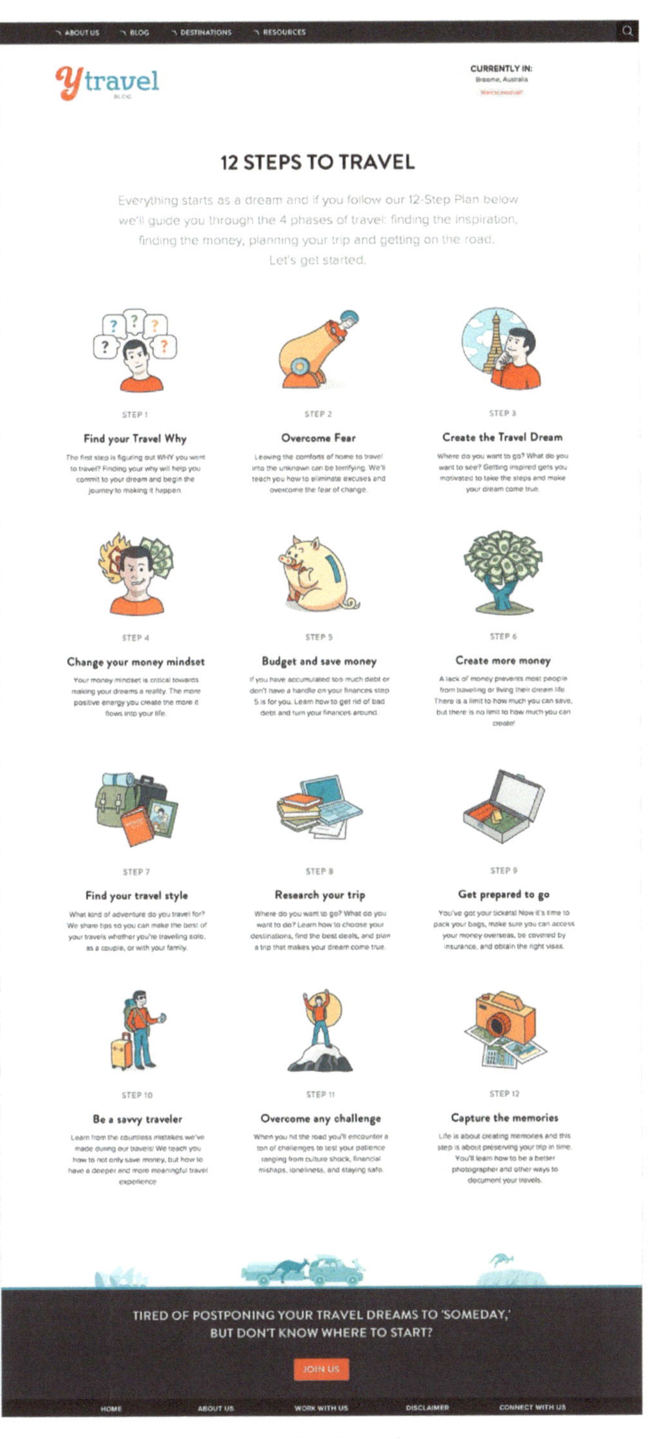

应用界面中的图标设计（三）

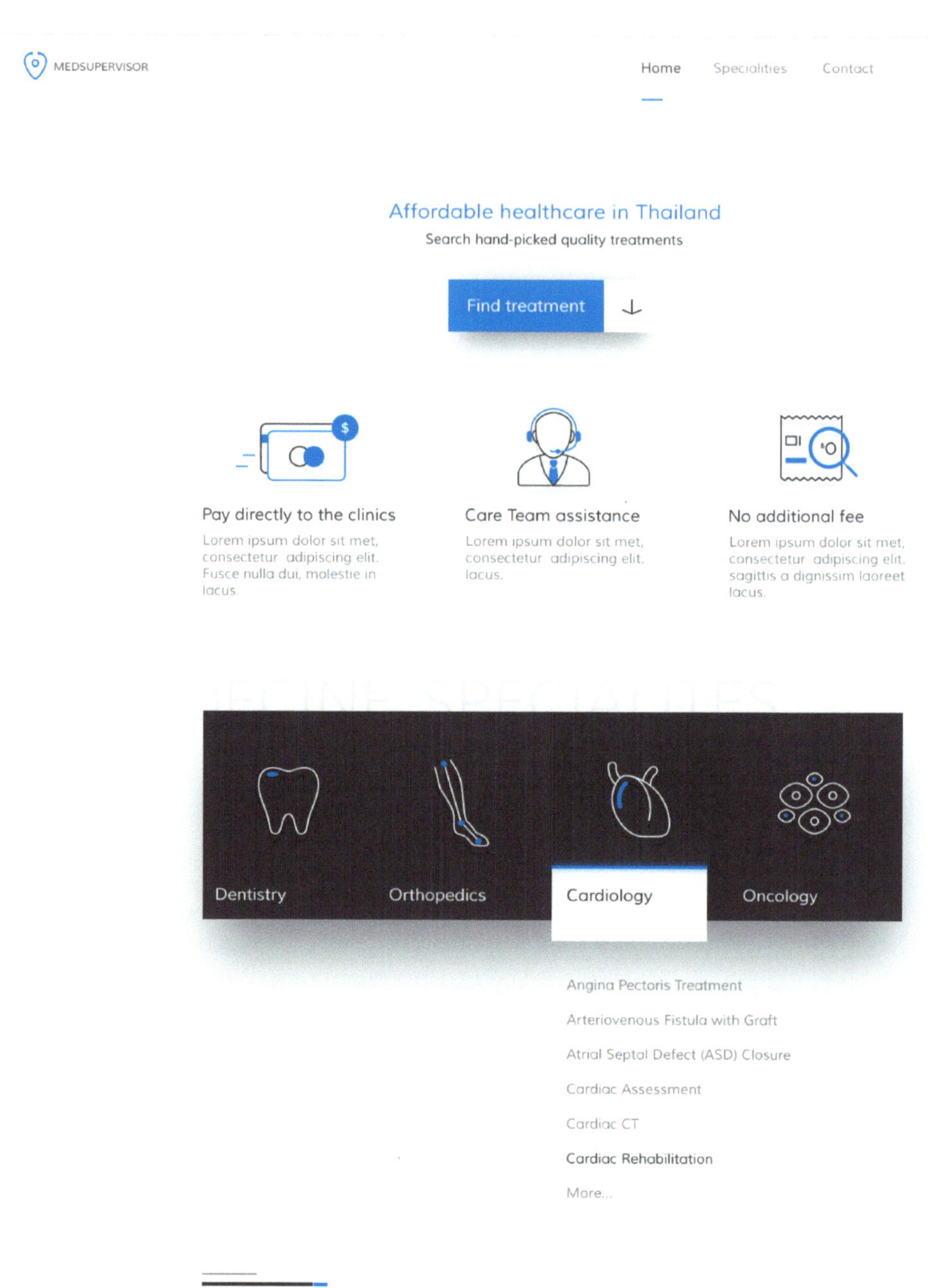

应用界面中的图标设计（四）

扁平化风格图标包括填充型剪影图标、线型剪影图标及类扁平化风格图标。扁平化风格图标的主要特点是具有较强的功能性，视觉隐喻比较纯粹（不会形成过多结构性的读解），通常都指向于一个明确而具体的用户操作。同时，从视觉风格上而言色彩较为单一，图标轮廓清晰明确，形态简约抽象，不会过分强化质感效果。扁平化风格图标在应用程序中的运用最为常见，随着扁平化设计风格的流行，其在界面中使用的频率也越来越高，也愈发得到更多用户的接受和认可。从总体上来看，扁平化风格图标在视觉元素上较为简单直接，因而会在表现稍微复杂的图标物量上存在一定局限，无法以更为形象、鲜活的状态传达给用户，这对于设计师而言构成了一种挑战，因为倘若设计方面的表现不佳，反而会增加用户的识别成本。

iOS系统中的工具栏、标签栏、导航栏及状态栏都是较为典型的二维剪影图标，风格表现上以简洁明快为主。

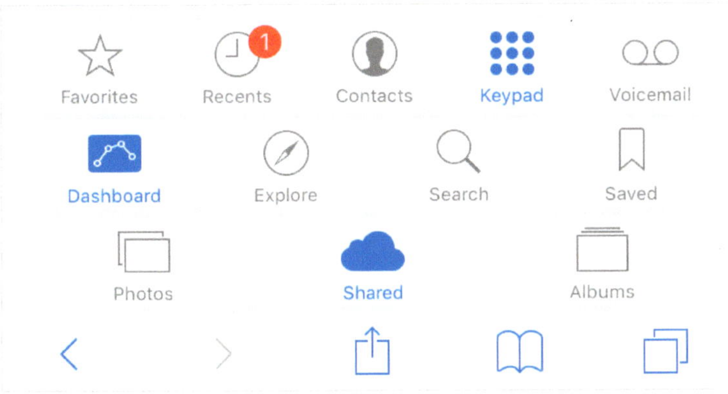

iOS系统中的工具栏、标签栏、导航栏及状态栏图标

以“发现（指南针）”图标为例，我们可以发现扁平化风格的图标是在写实风格的基础上去掉了高光、质感等修饰元素，保留和提炼出最能体现物象特点的基本图形元素。

“发现（指南针）”图标的扁平化设计

三维图标是通过对图标增加阴影、渐变、纹理、光感等肌理效果，令图标在视觉呈现上具备一定的立体感与真实感，进而更符合现实生活中的材质质感。从表现效果来看，三维图标的色彩感较为强烈、丰富，其中甚至有一些能够达到摄影照片的拟真程度。在扁平化设计风格流行之前，三维图标设计曾一度成为主流的图标设计取向。无论是图标本身还是界面的整体视觉风格，“真实”的质感都能令用户在使用过程中形成一定的情感共鸣，在传达信息及其识别度上也是最为明确、有效的。依照苹果公司设计总监在拟物设计时代中的说法，应用程序的外观看起来与现实生活中的对应物越接近，使用起来就越简单，相应的也更有利于改善应用程序的用户体验。

iPhone手机中的启动图标在iOS 7.0系统前多为写实、拟物的风格。

iOS 7.0系统前的系统默认图标

下图为沐思工作室的“未来星球”主题图标设计。在手机主题设计中，写实、拟物风格比较常见。

沐思工作室的“未来星球”主题图标设计

以“未来星球”手机主题中的“下载”图标为例，简单拆分图层元素能够发现在这个看起来“迷你”的图标中其实叠加了非常复杂的质感效果。

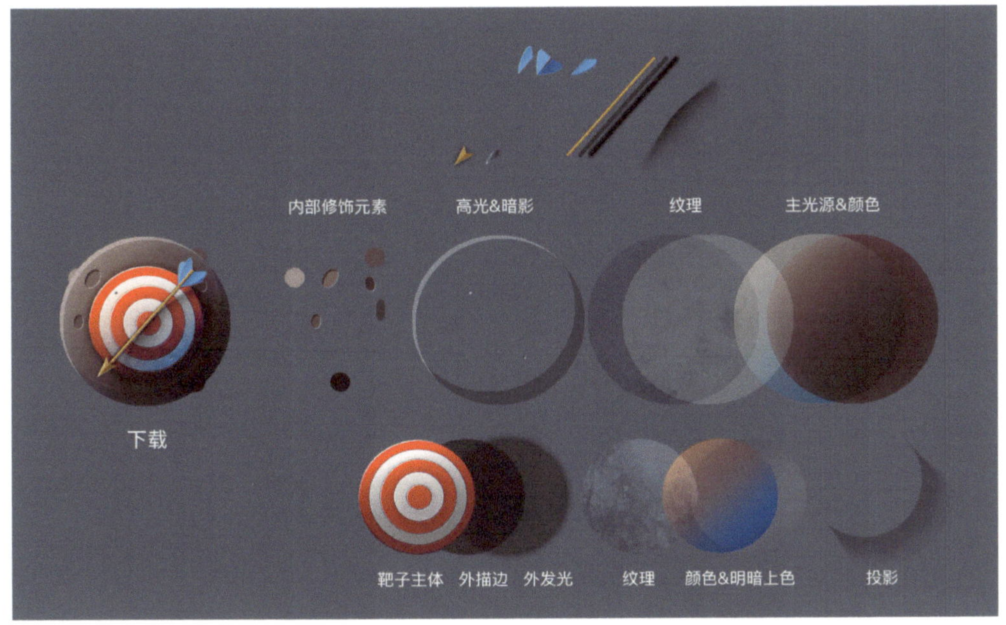

“未来星球”手机主题中的“下载”图标

随着iOS7.0的推出，扁平化设计风格逐渐取代拟物化设计风格成为流行的视觉风格。在这一情境下，界面趋向于清晰明朗、简约大方，更为强调信息的编排方式而非冗杂繁复的视觉细节。因而，三维图标似乎慢慢退出了一般的手机应用界面，但在游戏界面的设计中仍是较为常见的。

当扁平化设计风格不断臻于成熟，很多移动产品设计师发现单纯的色块与线条已经无法满足日益多元化的设计需求，于是开始探索和尝试如何结合拟物化和扁平化这两种设计风格展开视觉传达，即“类扁平设计”风格。这种既能在界面中不干扰用户阅读信息，又能在视觉上呈现一定的精致感的设计风格，或许能提供给用户一种更好的体验。

4.2.2 常用图标的设计方法

1. 扁平化图标的设计

一般来说，扁平化的设计特点主要在3个方面：去高光、去阴影、去渐变。但在长期的实践过程中，我们发现常见的扁平化设计并非是完全按照这3个要求去做的。之所以会采纳扁平化设计，主要是原有的拟物化设计中复杂的质感与细节给用户在体验过程中造成了视觉干扰，也让用户在审美上产成了疲劳。同时，拟物化图标过于写实的风格很难对抽象概念进行明确传达。所以，为了不影响用户体验，不造成视觉干扰，能很好地表达抽象的概念，扁平化图标设计逐渐成为主流，这是扁平化图标设计的主要目的。基于这些点，出现了很多不同的图标设计风格取向。常见的样式有：二维剪影图标（填充型和线型）、类扁平化图标。

从线型剪影到带有轻微质感的类扁平风格，我们在选择风格时更多应考虑界面的整体风格和功能分类，切记无论哪种风格都是为了让用户获得更好的使用体验。

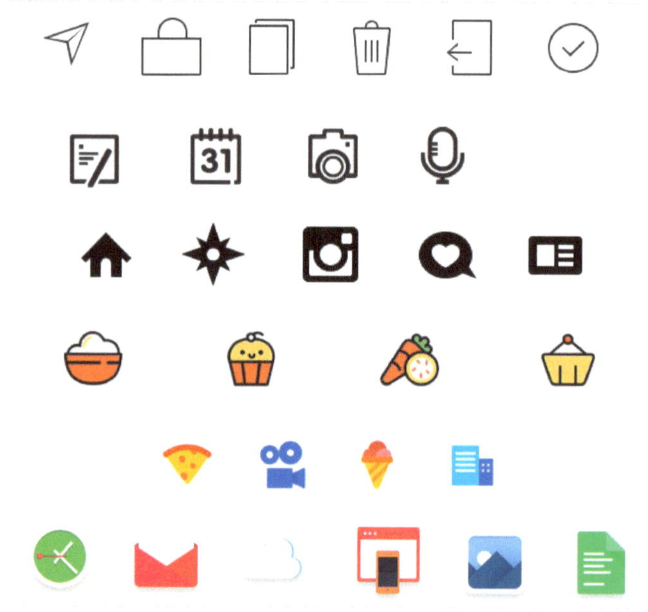

常见的扁平化图标设计

▪ 二维剪影图标

二维剪影图标目前在手机应用中是使用最为频繁的一种。因为这种类型的图标外观简洁、易于识别。同时，较之复杂的三维图标，二维剪影图标使设计的时间成本大大降低，设计效率也得到了提升。

▪ 二维剪影图标的设计流程

（1）确定图标设计要针对的功能，根据功能属性和界面整体的视觉风格来选择剪影图标的类型。

填充型图标相对于线型图标而言，视觉上更为饱满，用户对其的感知和记忆能力也相对较高；线型图标的视觉冲击力相对较弱，整体性不强，但会使界面简洁、轻盈。依据这两种风格的特点，一般在界面中需要被用户快速感知和记忆的功能入口会使用填充型风格图标，而界面中的操作图标更多会使用线型风格图标。

如果下图中的这几个圆形是我们设计的一个原型图，讨论后得出页面上部的8个入口图标优先级最高，其次是底部导航栏，最后是其他操作图标。对于优先级最高的8个入口图标，我们会要求图标表达要准确清晰，要让用户易于识别和记忆，并能引导用户发生点击。此时，选择何种类型的图标至关重要。基于用户对图形的感知、记忆能力要优于文字这一特点，我们可以进行不同的尝试。

根据功能属性和界面整体的视觉风格来选择剪影图标的类型

通过下图这3组形式的对比，我们可以发现：线型风格（上部组）的视觉冲击力较弱，虽然表意明确但无法很好地被用户记忆；若用图片直接代替图标（下部组），视觉冲击力最强，也最容易记忆和识别，但图片包含元素太多，会使得视觉呈现显得过于琐碎和拥挤，且整体视觉上很难统一和加以规范；填充型风格（中部组）是对比其他两种风格后较为合适的选择，视觉上图形饱满，用户对其感知和记忆能力也很强。

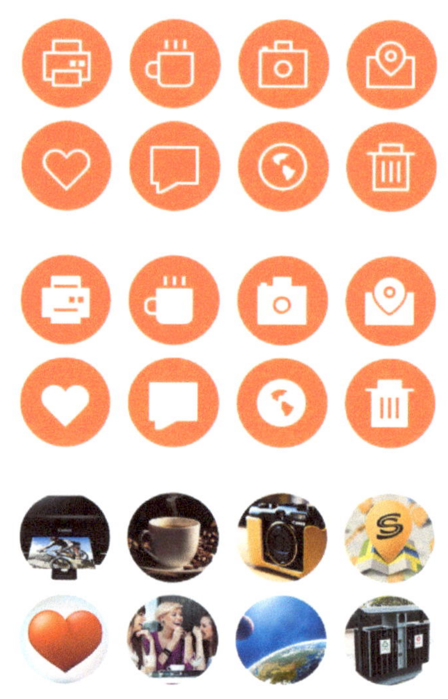

3组图标的对比

因而，当我们在确定图标风格时，需要考虑图标所代表的功能的重要性。当然，填充型剪影风格并非唯一的选择，但我们要注意图标的风格样式最好能符合其所在场景下产品传达的相关诉求。

（2）提炼功能特点，确定图标的物象。

对于目前现有的标准化图标，我们在设计时尽量不要大幅度改变，因为经由长期使用已被用户熟识和记忆的这类标准化图标，若轻易改变可能会为用户理解带来困扰。对于抽象或复杂内容的功能展现时，我们应该摄取最主要的信息进行表达，避免因图标包含太多信息而过于复杂、冗余，传达不够明确，同时也降低了识别性。一般情况下，图标中不同含义的元素最多不超过3个，在适当情况下可以配以文字进行注释说明。

确定图标风格后，我们可以根据功能特点来确定物象。假设我们需要确定物象的图标是“灵感”功能模块，“灵感”是一个相对抽象的名词，这一功能通常出现在与创意设计和图片处理相关的应用中，目的是希望用户通过浏览其他人的优秀作品来获取创作的热情和想法。由此，我们能够提炼出关键特征：“灵光一现”。通过这一行为化、场景化的描述，我们可以顺势联想到相关物象：大脑、灯泡、闪电，如下图所示。大脑在造型上表现起来比较复杂，且动态感不强（如左图）；闪电有电池、充电等相关含义，若单独使用可能会引起混淆（如右图）；综合下来，灯泡这一物象是比较合适的选择（如中图）。

根据功能特点确定图标的物象

（3）根据确定的图标物象设计剪影。

通常情况下，我们会根据物象概念寻找相应的典型实物参考，在纸上绘制一套草图。草图阶段可在不影响识别性的前提下，对图标的造型进行不同的尝试。草图完成后便可在软件中进行矢量绘制。

根据“灯泡”这个物象，我们在设计之前可以先找一些实物图片进行参考。

生活中的灯泡图片

很多设计师认为剪影图标造型简单、没有复杂的细节，很难设计得出彩。这是一种刻板成见，如果去深入挖掘和尝试，剪影图标有着巨大的创作空间，也可以设计出全然不同的精致细节和精彩风格。

造型各异的灯泡图标

（4）调整图标细节及确立图标整体的体量感。

图标的细节包括很多方面：图标边缘的倒角与圆角需要保持统一，线型图标的线条磅值需要保持统一，图标的倾斜角度和透视角度需要保持统一。此外，图标整体的体量感要在视觉上保持统一，不能只简单地依照尺寸加以绘制（在4.1.1节中已有说明）。

图标轮廓圆角保持一致

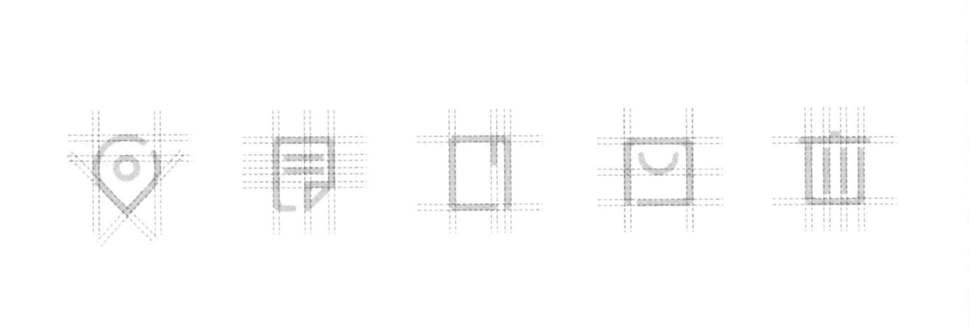

图标轮廓线条磅值保持一致

图标倾斜角度保持一致

图标体量感保持一致

（5）添加适当的效果。

考虑到图标在不同颜色和亮度背景中的使用情况，我们会适当为图标添加投影或者外发光效果，以免造成图标融入背景而影响用户对其的识别。

我们可以为图标添加色彩填充、阴影和背景等效果进行适当修饰。

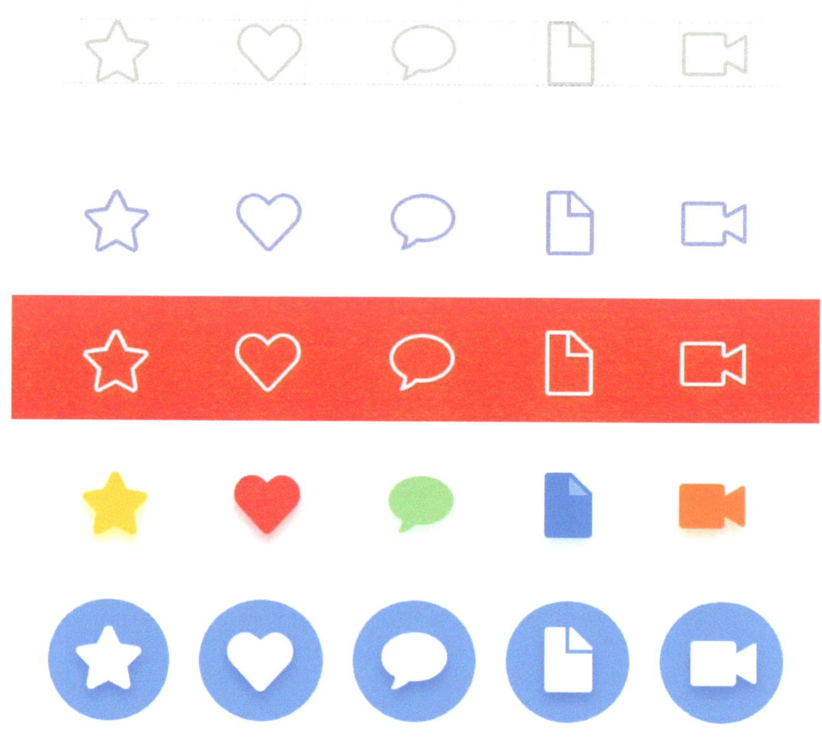

不同的样式处理会产生不同的图标效果

（6）置入界面中在手机上观察实际效果。

由于电脑屏幕与手机屏幕的尺寸与构造有差异，两者所呈现的视觉效果也全然不同。我们经常误以为在电脑上设计完成的视觉稿就是最终的实际效果，但实际上只有放在手机中才能发现许多问题：尺寸太大或太小、线条太细或太粗、图标的元素在手机上无法看清、图标风格与界面风格不一致等。因而，我们在设计完成后应当将其放入界面中，在手机上观察具体的实际效果，并根据实际效果中存在的问题进行调整和修改。

■ 类扁平化图标

类扁平化图标的主要特点是色彩多样、质感合理。通常的设计方法是在剪影图标的基础上添加色彩、质感与细节等，其实现形式比较多样：长投影、折纸风、轻质感等，都有其各自的视觉风格特点。

长投影风格图标

折纸风格图标

■ 类扁平化图标设计示例

以时钟图标为例，我们来详细讲解轻质感图标的设计方法与技巧。

时钟图标的最终效果图

（1）绘制一个圆形，填充渐变颜色并添加浅色投影，注意各参数的设置。

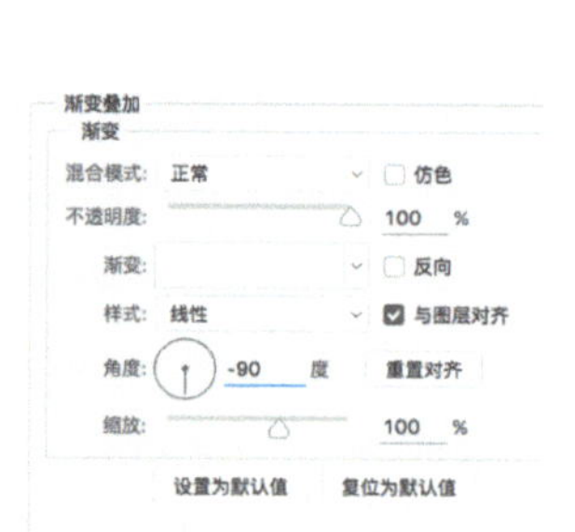

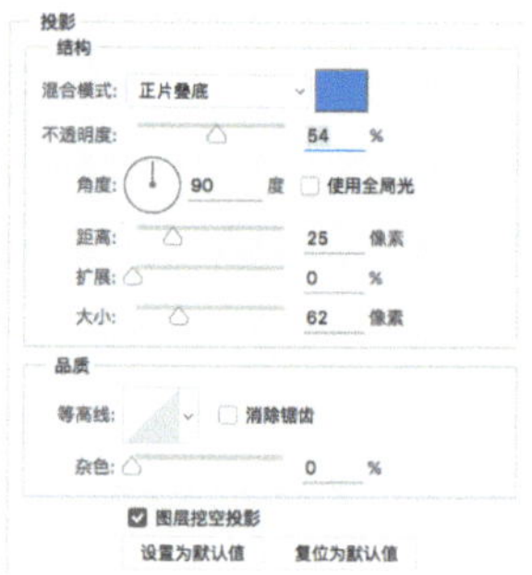

操作（一）

（2）在圆形内继续绘制时钟的表盘，添加一个描边，大小设置为5像素，再分别添加内阴影、内发光、渐变叠加，注意各参数的设置。

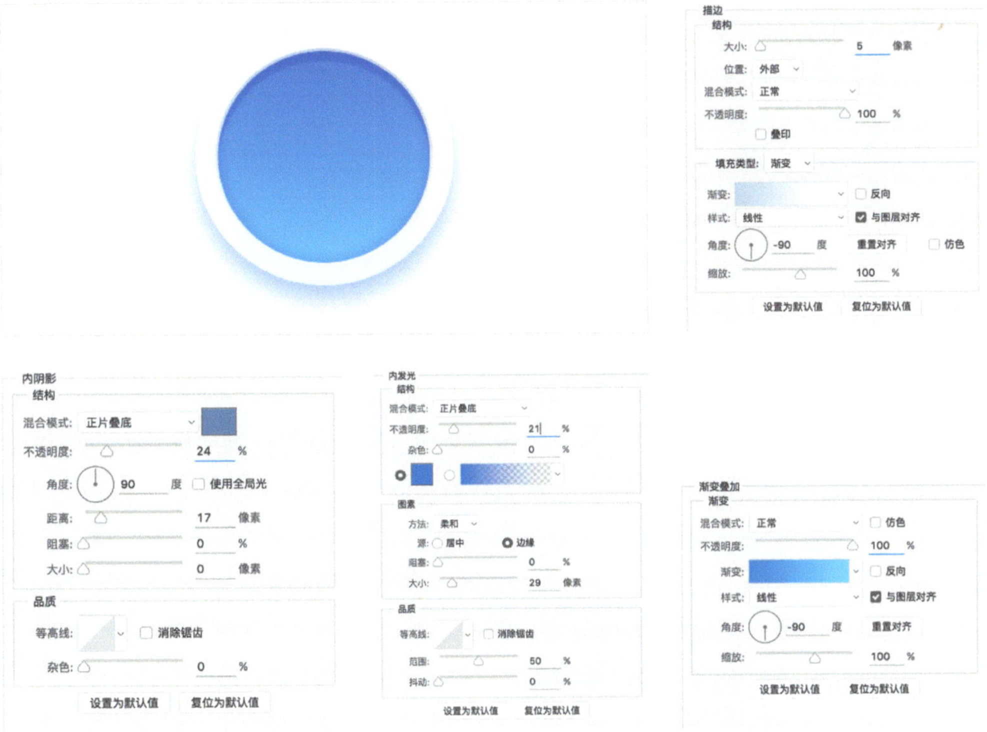

操作（二）

（3）在时钟表盘内继续添加其他的时钟元素。在圆形表盘的上、下、左、右的正中位置绘制4个小圆形表示时间的4个节点，这4个圆形填充与表盘颜色相近的浅色，视觉上尽量融入表盘，不要显得突兀。

操作（三）

（4）在时钟表盘的正中心位置绘制一个黄色的圆形，添加内阴影和投影效果，注意各参数的设置。

操作（四）

（5）绘制两个长短不同的圆角矩形分别表示分针和秒针，添加虚化的浅投影加以强调和突出，注意参数的设置。

操作（五）

2. 三维图标的设计

三维图标是指由三维元素构成的视觉图标，通过对图标添加一系列的肌理效果，令图标获得材质质感和拟物化的视觉效果。

■ 三维图标的设计流程

（1）确定图标表达物象后，收集一些具有参考价值的实物照片和图片。

因为三维图标需在视觉呈现上具备一定的立体感与真实感，所以我们在找相应参考实物时，要充分考虑实物在不同透视关系下所呈现的造型特点，包括参考照片或图片中体现的实物的材质纹理、触感及色彩关系，以确保我们对将要绘制的实物有比较详细的了解。

以“书籍（Book）”为例，在设计之前，我们需要收集一些真实的实物照片作为参考，包括材质、不同角度的造型和色彩等细节。

真实书籍的参考图样

（2）根据收集的参考资料，提炼出造型特点、颜色以及材质信息。

在我们的日常生活中，同一实物可能有多种不同的造型、颜色和材质。所以，我们需要选择一种在日常生活中比较常见的造型、颜色和材质加以设计。确定图标物象的造型、颜色和材质质感。

 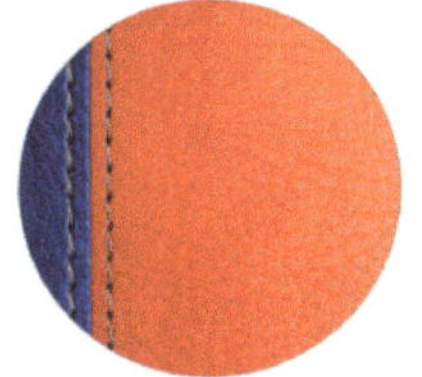 

提炼出书籍的造型、颜色和材质质感

（3）在纸上绘制概念草稿。

完成前期的准备工作后，我们就可以在纸上绘制图标的概念草稿了。概念草稿可以对图标造型进行适当的夸张处理，包括整体的构图、透视关系、角度，甚至是超越现实的处理。这样会让图标显得更加生动、有趣。

（4）用电脑软件进行高保真绘制。

将绘制的草稿导入软件，先用钢笔工具绘制纯色形状，然后通过添加高光、阴影、纹理等细节让图标更加立体、写实。

首先，用钢笔工具勾勒出图标形状。

操作（一）

然后，为矢量形状添加基本投影、内阴影。图书的书页部分需要一层层叠加来体现书的厚度。

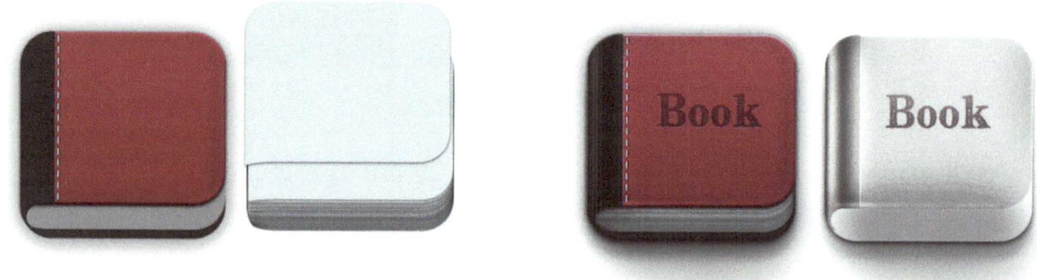

操作（二）

最后，添加光影、材质纹理等质感，令其更为真实和立体。

操作（三）

（5）置入界面在设备上查看实际效果。

一般在电脑的高分辨率屏幕中，我们绘制的视觉细节能被很好地还原。但若是在小屏幕低分辨率或小尺寸图标的情况下，过于复杂的视觉细节就会遭到破坏。因而，我们要根据实际情况，针对不同的分辨率、不同的尺寸，对图标的细节进行适当调整。当在低分辨率的屏幕中或图标尺寸较小时，我们可以剔除一些无法识别的细节，角度、透视在一些情况下也应做出相应的调整，如转化成正视角度，同时保留主要的光影关系与明暗变化，令图标的轮廓更明显，识别性更高。

- **三维图标设计示例**

以播放器图标为例，我们来详细讲解三维图标的设计方法与技巧。

播放器图标最终效果图

（1）用钢笔工具绘制出播放器的大致轮廓，填充基本的纯色。

操作（一）

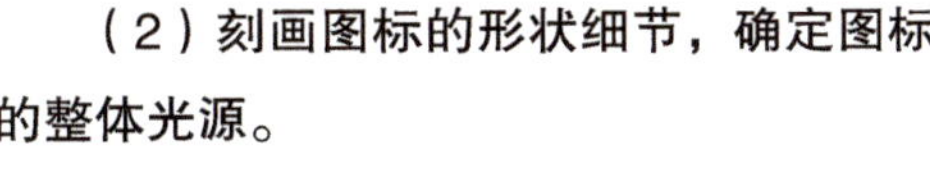

（2）刻画图标的形状细节，确定图标的整体光源。

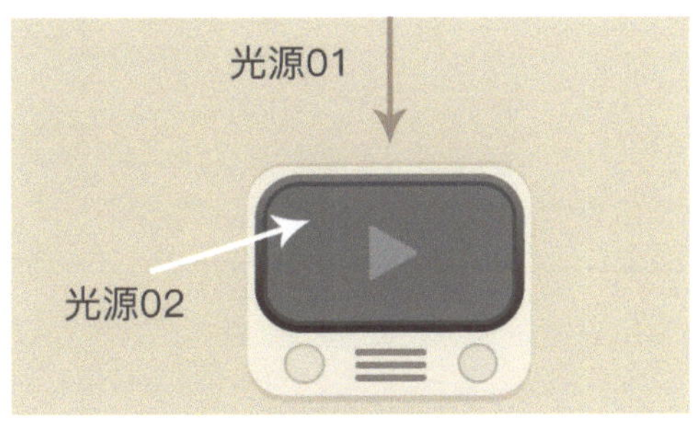

操作（二）

（3）运用图层的混合选项给图标元素添加投影、内阴影、高光和渐变等光影细节，注意各参数的设置。

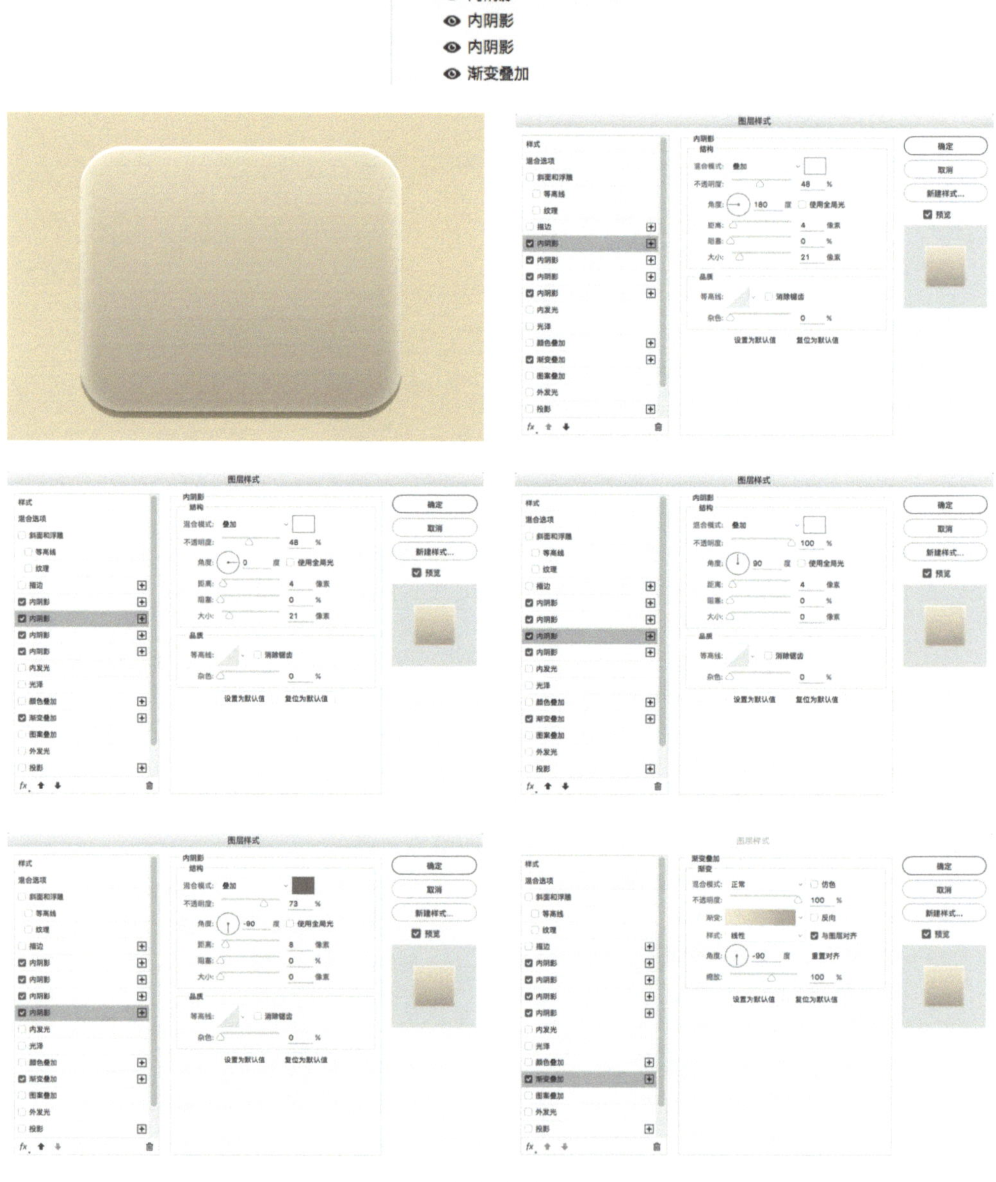

操作（三）

（4）运用图层混合选项给其他部位的元素进行效果添加，方法同上。

操作（四）

（5）深化光影质感，根据图标材质绘制反光、高光和投影等细节。根据显示屏幕边缘凸起的金属材质和显示屏的材质绘制反光。

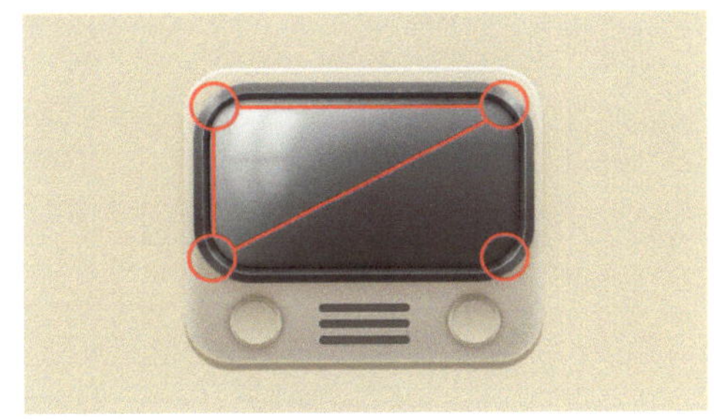

操作（五）

（6）绘制投影区域，体现图标元素高度的立体感。

操作（六）

（7）整体调整冷暖光源，根据个人设计偏向添加更多复杂的光影和背景色，令图标更为真实和立体。

light
点高光04
点高光03
点高光02
点高光01
渐变填充 3

渐变填充
渐变:
确定
样式: 线性
取消
角度: 120.96 度
缩放: 100 %
反向 仿色
与图层对齐
重置对齐

操作（七）

05

“微交互”视野下的动效设计

动效设计，在这个注重微交互（Microinteraction）的移动互联网时代里愈发显现出它的重要性。在Flash盛极一时的若干年前，如果能在页面中恰当地植入酷炫别致的动画效果，这一产品的传播效果恐怕会事半功倍，因为无论在任何时候，我们的目光对动态内容的聚焦总要比静态文本来得更容易，尤其在当前有更好的硬件能对此加以支撑的情况之下。流畅与适配的动效设计，虽然总以细节形式加以呈现，但它们却对产品的“优质性”提供了莫大的帮助。若是仅仅将动效视作“动的效果”，必然会对产品的用户体验与视觉传达构成潜在的隐患。真正的动效设计，是一种有关时间轴的逻辑艺术，是一种有关质感的美学艺术，更是一种有关界面与操作的体验艺术。从“动效”到动效，设计师需要做的或许还有很多。

5.1 能令界面“活”起来的动效设计

5.1.1 动效设计的特点与意义

1. 动效设计的特点

在UI设计中，我们会常常提及“动画效果”一说，有时也称为“动态效果”，这种描述源自于英文Motion Graphic，指的是伴随图形运动变化而构成的效果，简称“动效”。

智能手机虽在不断走向大屏化，但因其便携性与移动性的基本终端诉求，智能手机的屏幕尺寸（界面尺寸）在相对意义上始终是以“小”为显著特征的，因而许多功能难以在一个界面中完全展现。这时候，便需要用户在多个界面中频繁地进行切换或跳转以达成对不同功能的操作与使用。在设计过程中，很多设计师常常会致力于对单个界面视觉效果的追求，却容易忽略对多个界面之间切换或跳转的设计处理。如果没有切换动画来连接跳转过程中的各个界面，就无法提供给用户足够的心理预期，并会直接影响用户操作的流畅性与逻辑性，用户在使用过程中的困惑感和焦躁感或许也随之而来。例如，当用户横向滑屏切换当前页面时，还没等用户做出反应，界面已经切换成功了。此时，用户也许不会认为是操作速度变快了，而会误以为界面在跳转过程中出现了一系列令人感到不适的闪现问题。因此，对界面跳转添加相应的缓冲动画，能够令用户很好地意识到和感知到界面跳转是一个“流动”的过程。同时，恰当的切换动效也能降低用户在频繁切换过程中的不耐烦感。这便是我们所说的应用在互联网产品中的动态图形设计。

提到动效设计，我们往往会联想到“趣味性”这一特质。当然，丰富的动态效果确实会让人有更愉快的用户体验，令用户在使用产品的过程中感到有趣，就像为产品增添色彩、样式或主题一样，丰富的动态效果会为界面赋予性格、魅力和情感。

但是，趣味性其实仅仅是动效设计的浅层意义。相对于静态的用户界面而言，动效很好地利用了一个容易被忽视的层面：时间。通过运用一种“润物无声”的连接方式将运动元素结合在一起，并参照时间轴的线性排序加以呈现，从而能够契合用户的操作心理与体验，这才是动效设计应当得到重视的深层意义。动效在界面中的功能性是非常重要的，相当于一个线索，可以引导用户使用界面、帮助用户理解界面、提高使用效率，从而使用户体验更加愉悦和舒适。

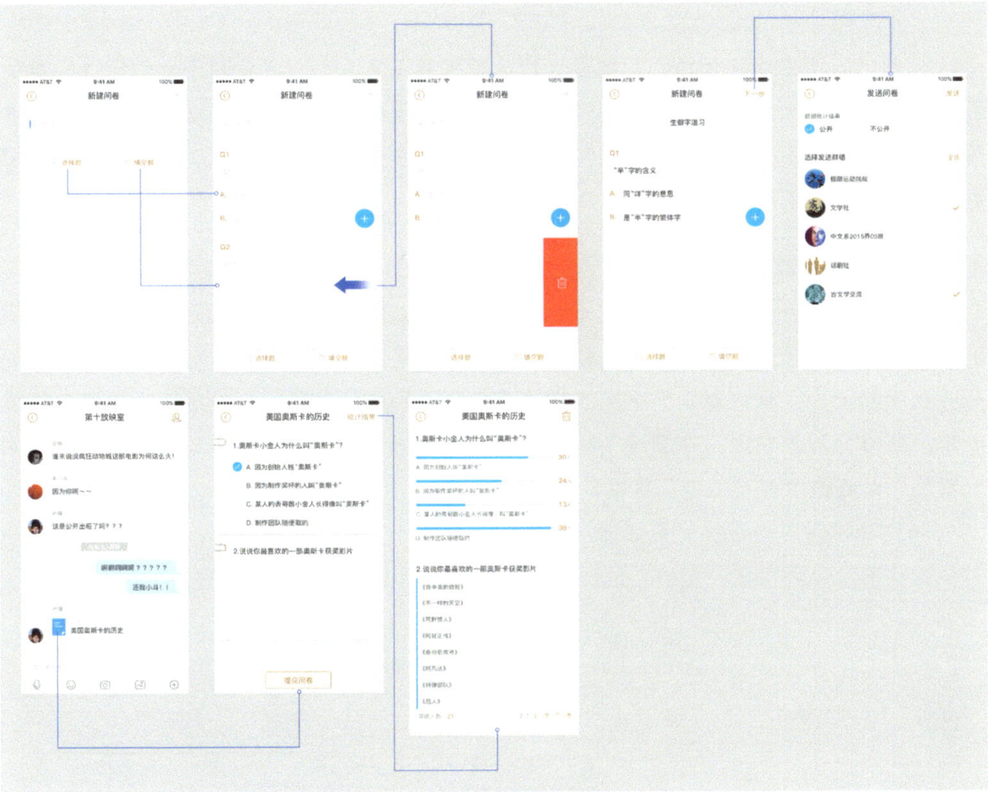

不同的静态页面如果没有切换动画，用户对于界面之间的关联没有心理预期，很容易造成使用困惑

动效设计能增强用户体验的愉悦度，令用户在使用的过程中感受到趣味性。下图为沐思工作室出品的微距社交应用Miss的部分概念设计，主要为搜索相同足迹好友页面的动效设计，通过太空元素围绕中心旋转的动效设计，让用户减少等待时的“焦躁感”。

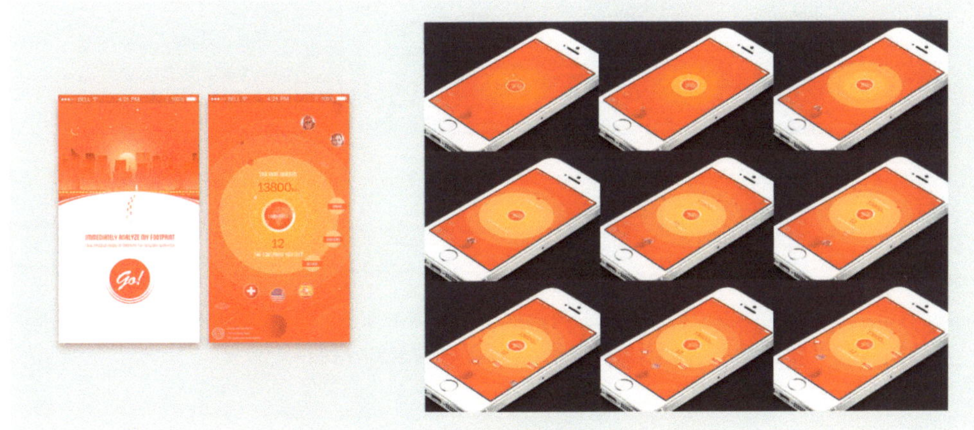

Miss应用中搜索相同足迹好友页面的动效设计

2. 动效设计的意义

随着“以用户体验为核心”的设计理念越来越深入人心，大家对于动效设计的重视程度也越来越高。但究其根本，动效设计在用户体验中的作用具体表现在哪里？它的出现带给用户哪些不一样的体验？这些细节的意义，应当是我们在处理动效时要充分理解和观照的。

- **舒适流畅的过渡**

一般情况下，UI界面通常是基于静态页面来加以视觉呈现的，因而界面与界面之间的视觉元素及其布局相对独立，关联性也并非那么紧密。若是通过这样相对松散的组织形式展现给用户，用户对界面之间的切换不会产生相应的预期，会造成使用体验上的跳跃感。所以，界面布局只是展现了UI元素的静态位置，我们需要运用动效设计来展现UI元素基于时间维度在虚拟空间中的动态表现过程。

通过动效对界面视觉元素如何从出现到消失这一过程的合理演示，能为用户提供一种视觉线索，令用户在一定的心理预期下对动画前后发生的变化加以理解。

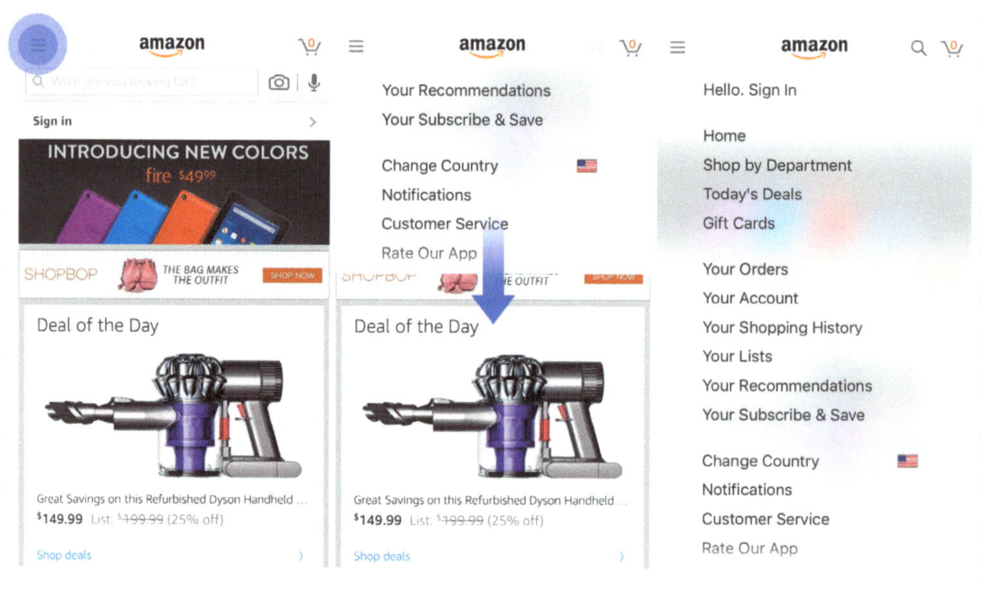

amazon首页中的下拉菜单由上而下弹出，半透明与毛玻璃的背景质感也较好地反映出菜单与首页之间的逻辑关系与操作联系，过渡自然，缓冲得当

切换过程中界面之间的关联与延续。iOS应用Vogue中界面的切换动效设计，切换动效流畅，且界面之间的关联性也较为紧密

在用户使用操作的过程中，隐藏不重要的视觉元素。下图为应用Google Play Newsstand的文章分类首页，向上滑动分类icon旋即消失。

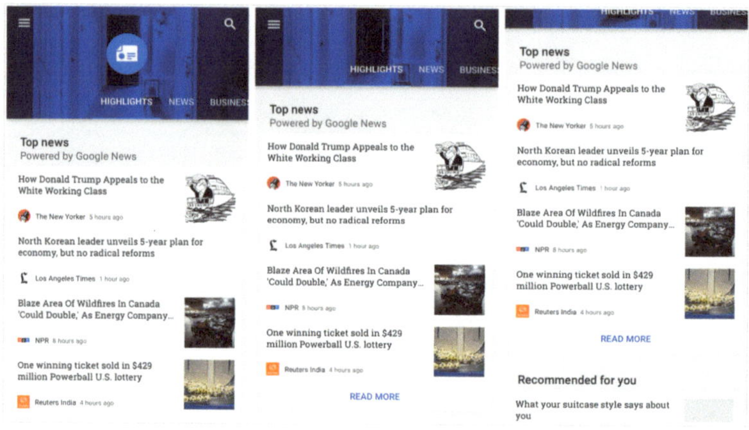

Google Play Newsstand应用中的文章分类首页

▪ 高效、有趣的反馈机制

在用户操作过程中，界面中的视觉元素必然要与用户发生交互行为。这时候，给用户及时、良好的反馈是交互设计中非常重要的原则，它能让用户知悉操作结果与应用的当前状态，并准确提示用户下一步的操作逻辑，帮助用户做出判断和决定。同时，有趣的动效表现也可以减轻用户在等待过程中产生的不好的用户体验，并赋予界面生动形象的情感表达。

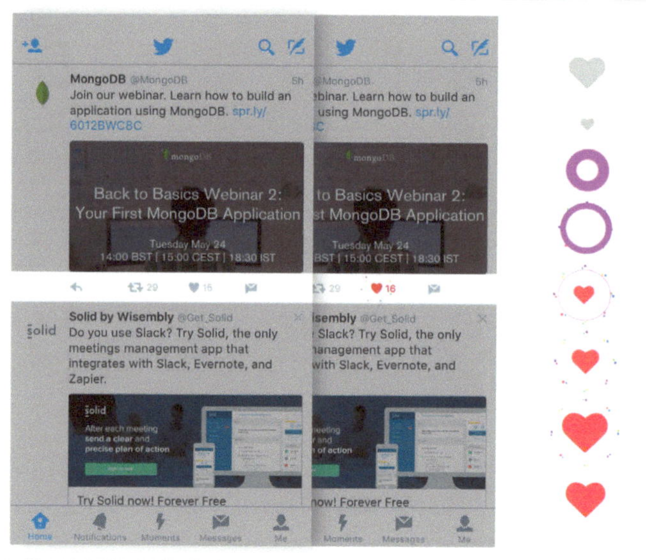

Twitter点赞按钮的点击反馈动效

操作行为提示反馈动效。下图为输入账户邮箱功能交互过程，在用户输入不正确的邮箱地址时，注册按钮会根据判断结果变成红色并提示错误；若输入地址正确时，注册按钮变暗并提示用户等待验证，最终变成绿色按钮告知验证成功。

输入账户邮箱功能的交互过程

- **增强手势操作**

社交应用Tinder中通过左右滑动来浏览照片是该产品最主要的功能。Tinder通过左右翻页浏览，让用户无需其他操作便能对照片进行喜好判断，向左滑代表不感兴趣，向右滑代表喜欢。

Tinder应用中通过左右滑动来浏览照片

当前，许多移动应用的使用界面都会表现出一个较为显著的视觉组织特征，即全屏模式操作。在这种界面风格取向下，对手势操作的设计就显得尤为重要。在固定区域中，手势具备唯一的操作特性，如常见的滑动翻页、拖曳移动等。手势操作具有很高的操作效率，也能带给用户非常愉悦、流畅的操作体验，因而我们在设计应用与用户之间的交互方式时，应该尽量降低用户的学习成本，通过交互元素模拟现实世界中的动态效果来增强用户的“直觉操纵”能力。

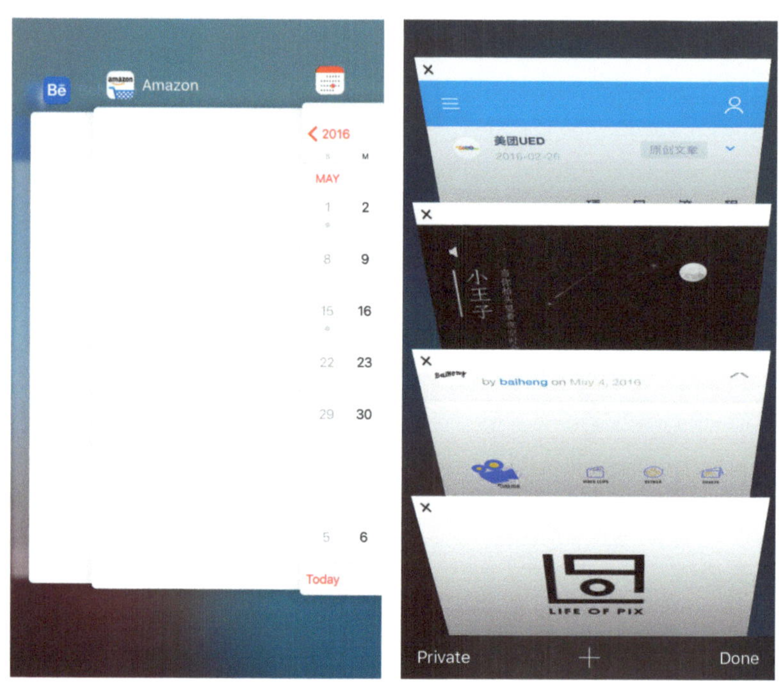

iOS系统中的Safari浏览器的翻页动效

■ 引导用户

由于智能手机的界面尺寸有限，所有功能难以在一个界面中全部展现，我们可能需要隐藏一部分功能，以凸显此界面中其他优先级高的功能。通过手势操作引导用户发现这些隐藏的功能显得十分必要，而动效的存在便能很好地启发用户建立完整的操作逻辑。

应用Paper点击进入卡片管理界面后，底部会从左往右滑出其他主题类型的卡片。这一滑动进入界面的过程很好地提示用户底部的卡片是可以选择和编辑的，并告诉用户可以通过左右滑动浏览卡片。

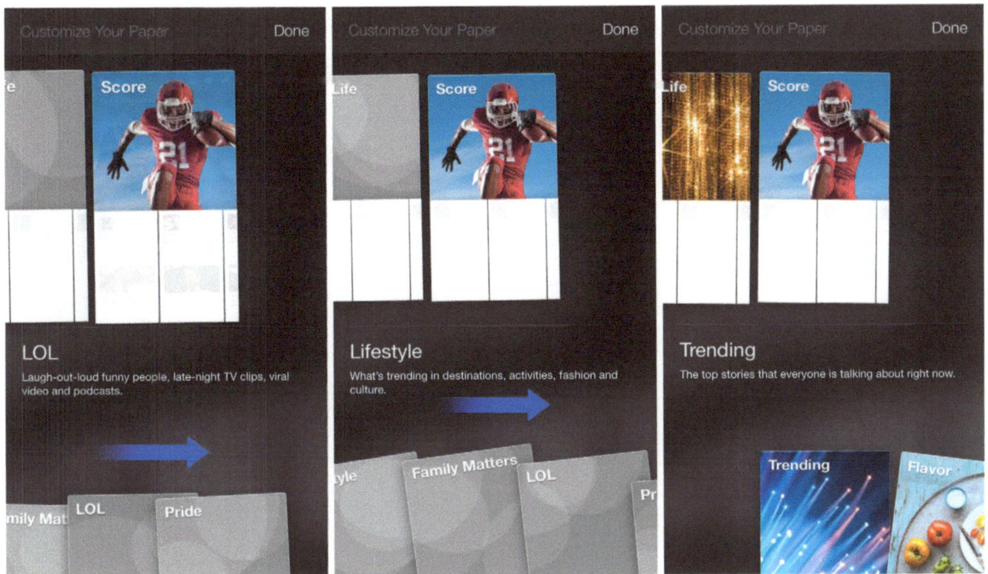

Paper应用中的卡片管理界面

▪ 基于情感化设计的体验提升

在Path应用基于时间轴状态的内容流主页中，随着用户向上滑动浏览内容，右上角的时钟的时针和分针会准确转动到当前页面最新状态发布的具体时间。

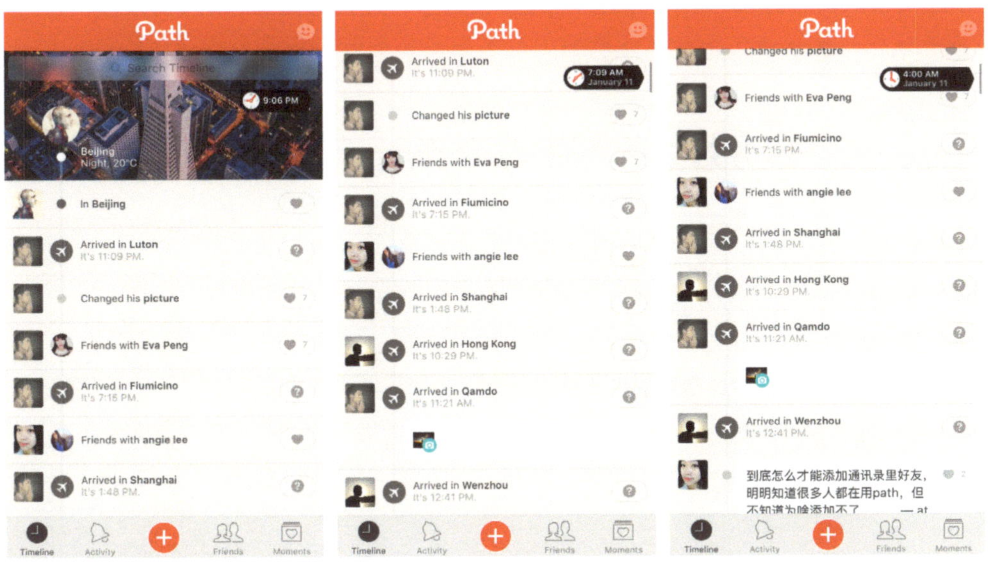

Path应用中的时间轴界面

除了具有功能性的动效设计以外，在不影响应用易用性的情况下，为应用增添一些有趣的动效细节，不仅能提升用户体验的友好度，且能凸显应用整体设计的品质感与独特性。契合应用自身的特点和气质并贯穿整体的动效设计能充分彰显产品的品牌调性，同时渲染出产品的感染力，令用户对该产品以及产品所提供的服务产生更多的好感。

天气应用Solar利用不同时间的天空颜色作为动效元素，随着时间的变化，应用的背景颜色也会随之发生相应的变化

5.1.2 开展动效设计前的准备

在UI设计中，动效设计不仅具有功能性，还能令界面更美观，理想的状态下动效设计应为产品提供明确而别致的操作体验。那么，在开始对一款产品进行动效设计之前，我们需要充分考量哪些基本要点呢?

1. 关注动效设计的发展趋势

"面向用户展开的设计"对设计师提出了更高的要求：能对作品的每一细节肌理进行充分观照是用户思维落实在产品设计阶段的基本表现。iOS和Android各自具有一套基于系统适配的动效理念。我们应当利用好各类资源对这些已有的动效设计理念加以关注和学习，并紧跟前沿设计动向，将其合理地反馈到实际的产品设计中。同时，设计师也应善于思考、敢于尝试，在规范的基础上做出合理创新。

2. 掌握相关的动画原理

掌握相关的动画原理是开展动效设计最基本的技术要求。要想设计出自然流畅的动效，我们需要对基本的动画运动规律有很好的认识和理解。UI动效设计与传统动画设计有一定的相似性，都需要充分考虑基于时间的线性排序在虚拟空间中呈现出的动态效果。因而，时间维度上的节奏（物体出现和消失的时间节点及持续时长）和空间维度上的运动规律（如位移、缓动、弹力等现实世界中的基本运动规则）是动效设计中的两个关键点。

3. 考虑动效在不同终端上呈现效果的一致性

在设计动效之前，我们应该立足整体对应用中动效的数量、表现形式、复杂程度及时长加以充分考虑，以保证产品体验的一致性。同时，要根据应用在不同终端上的适配情况去处理动效的实现效果。

4. 制定合理的解决方案

考虑执行效率，根据设备性能和最终实现效果的可接受性，制定合理的解决方案。很多设计师在设计动效时，往往只关注到概念设计阶段动效的表现形式，忽略了产品研发阶段的实现效果，导致许多动效最终呈现的实际效果与设计稿相差甚远。一般而言，动效实现有以下几种方法。

（1）设计师逐帧绘制，开发者实现循序/循环播放逻辑；

（2）设计师提供动画资源文件（如视频、flash、gif等），开发者将资源嵌入产品；

（3）设计师提供动画形式、参数与元素，开发者完成动画实现，如HTML5/CSS动画等。

无论采取哪一种方式，我们都要确保动效在实际执行过程中不会为设备带来压力，不影响主要功能的操作，同时做到动画播放的流畅、无卡顿。

5. 让用户获得更好的使用体验

动效设计的最终目的是服务于用户体验的。在界面中，过度追求华丽且无意义的动效反而会产生适得其反的效果，令用户体验更为糟糕。优秀的动效设计更像是人们身边看不见、摸不着却必然存在的空气，用户在使用过程中感觉不到动画的刻意感，而在不知不觉中提升了情感体验，这是动效设计的最高意义。对于一些出现频率较高的界面元素要谨慎使用动效，因为动效的频繁出现会令用户感到审美疲劳甚至厌烦，同时也影响操作效率，反而影响体验的友好度。

5.2 如何设计动效

5.2.1 动效设计的基本原则

作为美国好莱坞盛产的类型电影，科幻片已经成为人们的“老朋友”。在片中那些具有未来感和科技感的场景里，我们时常会发现一个既陌生又熟悉的细节：在玻璃、桌面、窗户等随处可见的透明介质中，总会有一块悬空、虚拟的屏幕在危机时刻突然出现。面对满屏的复杂讯息，电影主人公只需点击几次或轻轻挥一挥手，它们便跟着人的手势有规律地运动起来，并在极富生命力的表现下对剧情的发展发挥“力挽狂澜”的作用。或许这些画面在短时间内尚且无法平移到我们平凡的日常生活中，但在某个不远的未来，诸如这般人机之间高度融合的强交互时代不再是人们的美好想象。

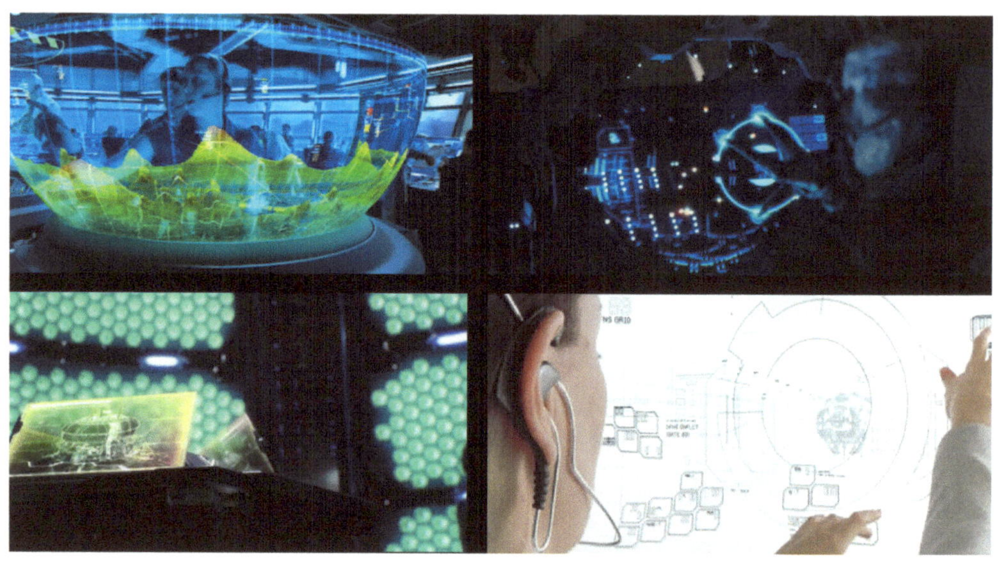

科幻电影中常见的具有未来感和科技感的场景

2014年，谷歌（Google）公司在年度Google I/O大会上发布了全新的安卓操作系统，即Android 5.0 Lollipop（棒棒糖）。新系统最显著的变动在于对Android Design的迭代，以全新的Material Design设计元素取代已经规范使用了近3年的Holo Theme这一Android 4.0设计风格。如若对此加以深入理解，你会发现一个比较有意思的事情，这次谷歌大会发布的重点并非是新系统与新设计元素，而是在这一整套新的设计框架与规范下对于移动端动效运用的倾注与重视，甚至在Android设计主管看来，动效会是移动互联网时代“下一件最紧要的事”，其重要性可见一斑。事实上，无论从哪个角度和环节去审视这一次的Google I/O大会，你都会发现动效已经成为从产品概念到视觉呈现再到技术研发的一个隐性的重心，因而也不难理解作为移动端设计的重要组成，动效设计也理应成为产品设计中不容忽视的一个设计对象。

Android 5.0 Lollipop官方宣传图

透过Material Design，我们几乎可以看到动效设计已经成为这一新设计的重要隐喻。在Google的设计理念中，按钮以点击中心向外扩展半透明圆形的造型源自纸张和油墨的启发，在这种涂层质感的索引下，一整套设计语言得以产生。将手机屏幕当作轻盈的纸张，按钮像是将设计打印在纸上一般，被赋予极强的可触控性，令用户在与之互动的过程中感受到所谓的“生命”的气息，这首先是一种真实而值得信赖的“动态感”。当用户在触摸屏幕时，它会给你一系列的连锁响应，或者根据你的手势操作反馈不同的过渡动画。这些动画遵循一定的物理定律，它们是谷歌设计人员经过精心设计后的产物，每一种元素的过渡动画都显得协调而微妙，操作过程也不会影响用户体验的流畅性。总体看来，Material Design给用户的感觉应该是更快捷、更自然、更富有“呼吸感”。

尤其是交互过程中波纹状的触感，是Material Design最被人称道的动效细节，在与按钮交互中所响应的波纹样式是对点击时的动作幅度与时长做出的一种动态图形反馈。传统的按钮点击的反馈通常以变暗或下沉等更为拟物的动画得以完成，而如今这一更为“扁平”的动效改变了交互的“实体”感，浮于表面的类似纸张油墨涂层的触摸，不仅被赋予了新的物理性质，从视觉体验上而言也有了“不经意间的仪式感”。Ive在设计第一代iPhone时，曾将屏幕的初始感觉描述成infinity pool，即一个没有边界的泳池。屏幕像是一块无限延伸出去的水面，水面对动作的反馈以波纹涟漪的方式得以呈现，这便是最初对于“表面”式的交互质感的戏剧性体验。而在那之后，iOS也好，WebOS也罢，都开始步入了拟物的时代，真正意义上对波纹状交互动效的全局运用，恐怕就是从Material Design开始的。

纸张油墨涂层的视觉形象

Material Design的基本设计样式，主要为了传达动效设计的一种基本取向，即不要为了“动效”而设计动效。在当前的许多设计思潮中，对酷炫、复杂动效的追逐逐渐成某种程度上的流行趋势，甚至成为有分量的视觉设计当中不可或缺的筹码。而对Material Design加以理解，则会令人明白动效的设计始终是一种基于匹配视觉风格与用户体验的存在，这些体验会令用户感到当前正在使用的并非一个安装在小小屏幕下的简单应用程序，而是一个会与其产生互动的生命个体，进而对之产生好感。

下面我们将介绍3种动效设计的基本原则。

1. 原则一：“生命的节奏”

在某一期电视节目中，蔡康永曾提及一句话，大致意思是在描述生命的“节奏感”。在他看来，生命与世间万物一样，有快慢、有疏密，也有起伏。这些林林总总的变化，或许没有规律可循，但却能够令人看到生命存在的鲜活意义。动效设计虽然被视作一种设计手段，但也与之具有如出一辙的共通之处——盲目堆砌繁复、花哨的动效，只会令应用寡味、沉闷，甚至不堪重负，而被赋予“节奏”的动效设计才具有价值。有节奏的动画效果能体现手机对用户操作的准确响应。例如，在一个弹出动效中，用户完成操作后多长时间给予反馈、反馈的过程持续多久等，都将直接影响用户对本次弹出功能的感受与体验。通常情况下，人类的反应时间在0.2秒左右，也就是说用户点击完成后0.2秒左右应用便应当及时做出反馈。若此刻反馈得慢了，用户在等待过程中就会心生烦躁；反之，用户还没反应过来，反馈便已经完成，也会使用户的使用产生卡顿感。因而，无论是慢了或者快了，体验都会显得十分不友好。

2. 原则二：“哈利·波特的魔法帐篷”

在《哈利·波特》系列电影中曾发生过这样一幕，波特一伙人跑去观看魁地奇比赛（巫师骑着飞天扫帚参加的球类比赛），当他们抵达所住的帐篷时，波特惊讶地发现这个从外面看起来很“迷你”的帐篷，走进去后竟“别有洞天”，恐怕比一幢豪华别墅的空间都显得有过之而无不及。电影中，这款特别的帐篷是因为有了魔法的附着才有了神奇的功能属性，但你有没有想过，或许我们的手机屏幕也被施予了相似的“魔法”呢?

虽然目前智能手机的屏幕尺寸正步入不断变大的趋势，但具有移动设备本质特性的手机，相较于计算机的屏幕尺寸仍有非常大的局限性。许多功能很难在一个有限的界面中得以实现，事实上，用户通常需要在多个不同的界面中来回跳转。此时，就需要设计师通过切换动画效果对每个页面加以联结与过渡。

我们可以将手机屏幕想象成一台摄像机，屏幕空间即是具有一定深度的物理空间，应用程序由一层层的元素叠加而成。例如，在界面切换的过程中，由于需要假想它们距离屏幕的远近不同，因而会产生视觉观感上速度的差异，合理运用阴影效果与间距编排令这些元素呈现出“翻页”的效果，这便是视差效果在动效设计中的重要性。

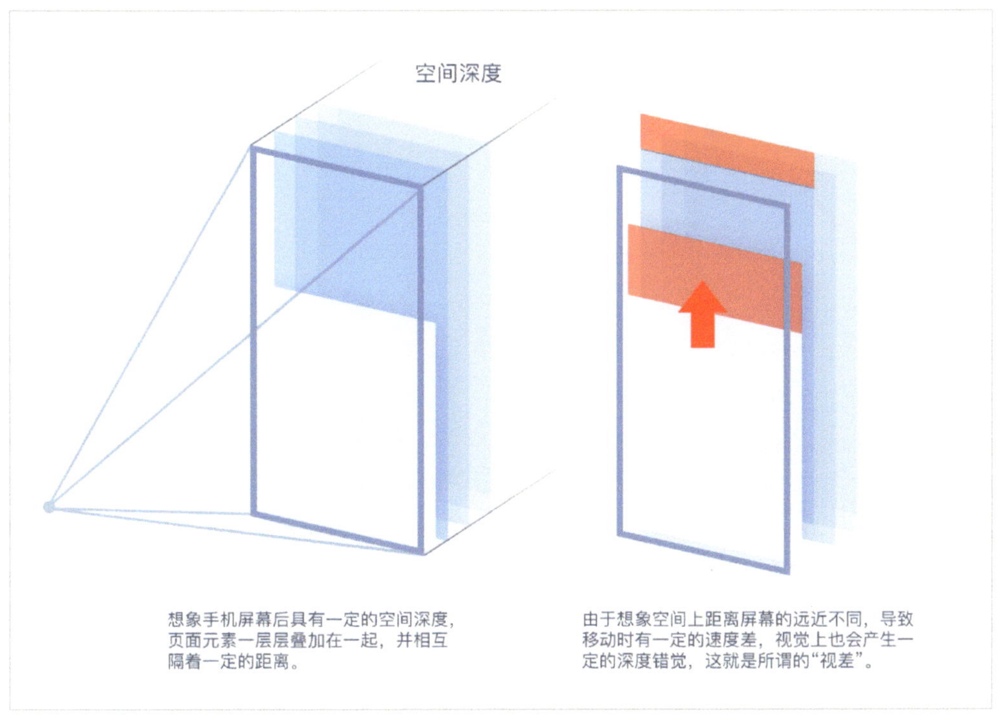

动效设计中的“空间视差”

3. 原则三：动效魅力

通过“原则二”能够发现，动效的发挥空间不应囿于屏幕尺寸（平面空间）的限制，我们可以将其延伸至屏幕“背后”的隐性空间，此时界面及界面中的视觉元素就被置于一个不再平面的空间之中。因纵深这一维度的补充，这一空间在事实上与我们置身的三维空间无异，因而，包括动效在内的相关运动过程，自然要符合相应的现实物理属性，如阻力、惯性、弹力等。

所谓的“动效魅力”是结合“原则一”中的“节奏感”与“原则二”中的“空间概念”，经由一系列综合设计后令界面视觉元素传达出一种兼具审美性与流畅性的动画效果。同时，这也需要设计师设定好动效呈现的一种理想预期：是好看的，还是好用的？抑或用户不曾关注却能带来全新别致体验的？

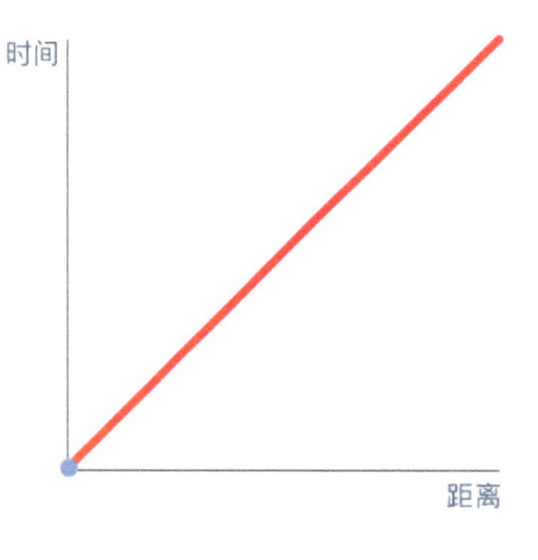

当小球滑动的时间与距离之间的关系为一条线性函数，此时小球为匀速运动。匀速运动的效果在真实空间中很少发生，缺少惯性和阻力，所以小球缺少“生命感”。

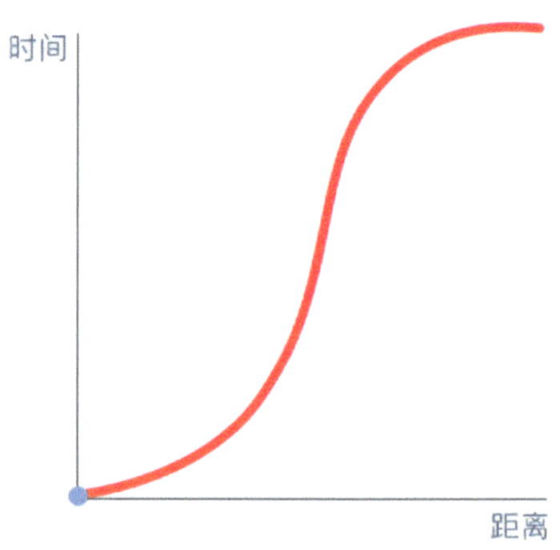

当小球滑动的时间与距离之间的关系为一条非线性函数，此时小球为非匀速运动。非匀速运动可以模拟小球在真实世界受到阻力及惯性的运动效果，让小球动得更有“魅力”。

动效设计中还原真实的物理属性

案例：基于Facebook的Paper移动应用

Paper 诞生于 Facebook 的 Creative Labs，是一款基于Facebook设计的"社交&轻度阅读器"。值得一提的是，在Facebook逐渐被外界认为缺乏灵活性和创新性时，Paper的出现正好弥补了这一缺陷。事实上，交互和动效的运用已经成为Paper的一大亮点。

Paper在动效设计上有效地利用了深度错觉，并用上下滑动代替了前进和后退，令页面切换自如，也能让用户产生正在翻看报纸的"真实错觉"。

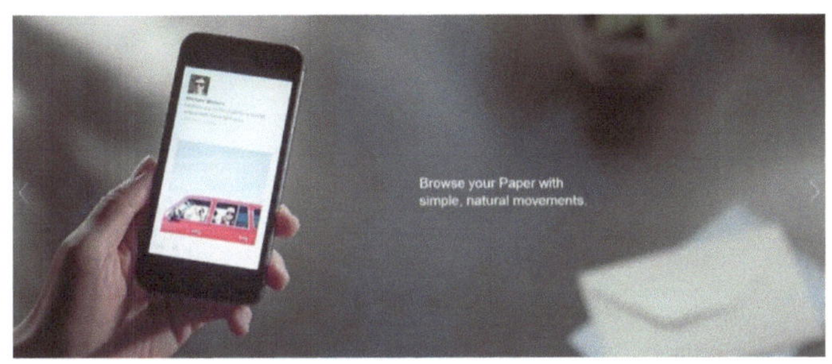

Paper官方宣传图

启动Paper后便是不同分类下的卡片界面，用户可通过左右滑动的手势以实现切换分类。同时，由于这些卡片"浮动"在推荐内容之上，用户可选中其中一张卡片向上滑动或者拖曳，卡片与推荐内容图片在切换过程中就会形成"视差"效果，进而令用户产生一种像是打开一份报纸进行阅读的体验。

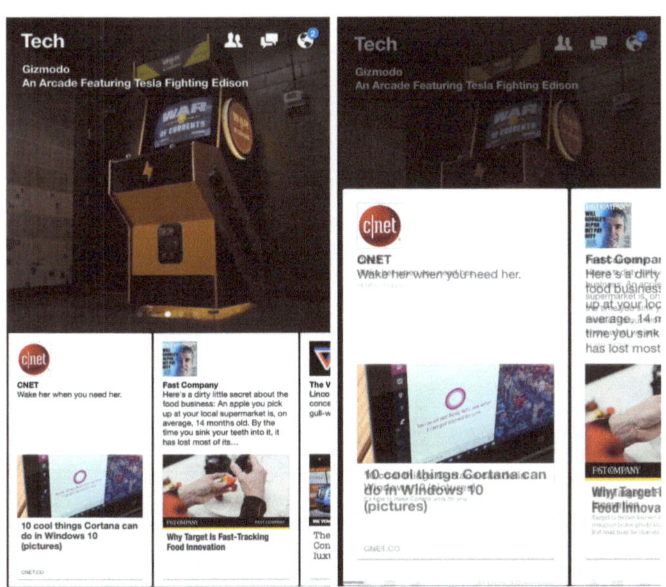

Paper中不同分类的卡片界面

进入内容详情页后，若是一条分享链接的相关内容，用户拖住向上滑动便可打开内容。从动效设计的考量上来看，Paper高度还原了翻阅报纸时相关动作的细节体验，与此同时，真实的物理感会令用户感受到这不仅仅是一个“虚拟”界面，而是承载了丰富信息流的报纸集合。在这种集成的体验基础上，会令用户产生继续“翻”下去的愿望。

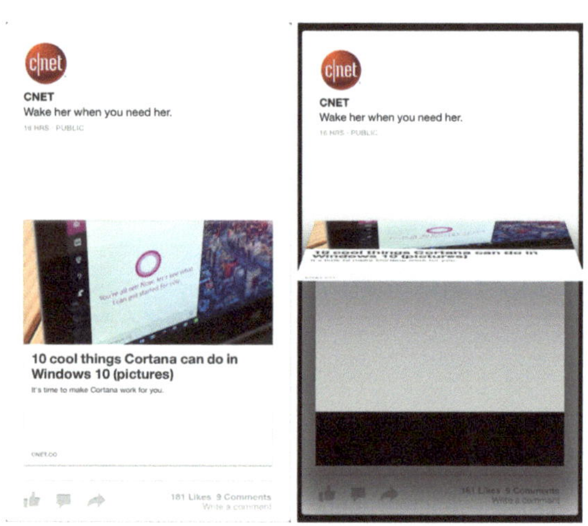

点击卡片后弹出内容详情页

在选择“感兴趣标签”的界面中，Paper采用了日常生活中的“收集”动作习惯对动效加以设计。诸多标签陈列在“架子”上，如果用户对某个标签感兴趣，便可将其拖进自己的“口袋”里。收集标签的排列方式设计成了卡片插入口袋的样式，左右滑动便可查看收集的卡片。真实的物理场景模拟、空间资源的合理利用，加之操作过程中对于节奏的准确把握，成就了Paper应用的动效魅力。

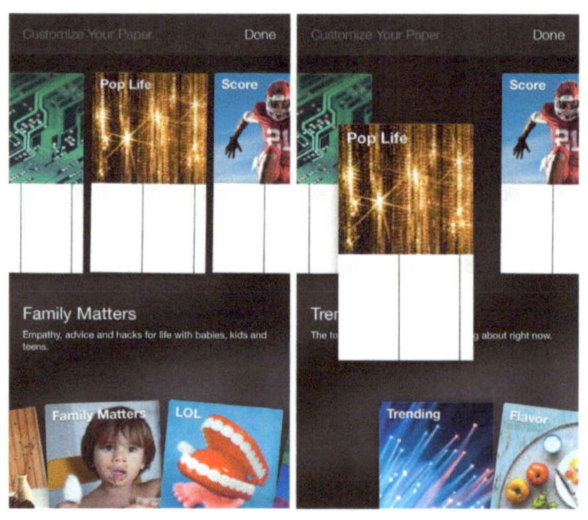

Paper中的用户收藏&感兴趣的内容卡片

5.2.2 常用动效的设计方法

在上一节中，我们已经对动效设计的基本原则加以充分理解。在本节中，我们需要在符合这些基本原则的基础上，对几种常用的动效设计方法进行归纳和总结。

1. 真实世界的物体

正如前文中所提及的，动效是指界面元素基于时间维度在虚拟空间中呈现出的动态效果，既能张显功能性，亦能提升产品操作的趣味性和愉悦感。客观上而言，我们通过设计组织的界面元素是二维的、静态的平面图形。因而，若要对平面物体的运动状态展开设计，不能仅仅考虑简单的位移、缩放或旋转等基本物理属性，我们需要具备一定的空间知觉，即人类认识外界物体空间特性的能力。例如，物体的形状、重量、远近、深度和方向等。作用到移动设计中，动效设计便要求设计师在二维空间（屏幕）中产生相应的三维想象。如同我们看到的早期二维动画片那样，动画形象都以基于点、线、面关系的客观二维物质形态存在，但通过设计师对这些动画形象在时间与空间维度上合理的表现重组，我们才能看到一个个鲜活、形象的动画角色。

在UI设计中的动效亦是如此。UI中的视觉元素客观地存在于由长度和宽度构成的二维空间里，但我们需要让用户感受到这是一个立体的虚拟空间，此时二维空间中三维空间的存在载体就是“形式”，这种形式需要我们把UI视觉元素与背景加以区隔，让其以自身的独立形式出现，这样所表达的空间便能较为容易地得到理解了。

- **阻尼动画与运动惯性**

在现实生活中，物体的运动状态表现会受到各式复杂因素的共同影响。诸如外界阻力、（内部）惯性等，都是三维空间物理属性中较为常见的影响因素。由于运动元素被假设具有一定的质量，被放置在一个虚拟的空间中，所以在运动过程中，受到惯性的影响，其必然将发生一定程度的“形变”。如果运动元素在空间中设定与某一介质接触，如地面、空气等，那么在运动过程中的运动速度也会随即发生变化，即产生非匀速运动。非匀速运动的表现形式有很多，并且在不同状态下带给用户的感受也截然不同。

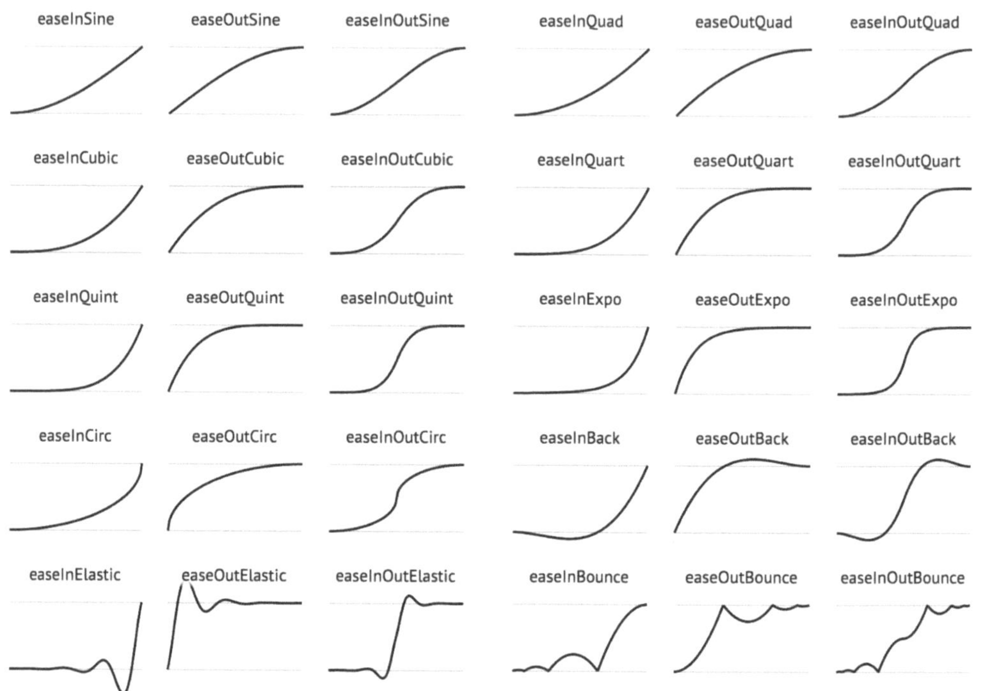

这些曲线表现了时间与速度之间的函数关系。通过对这些动画函数的了解及合理运用，我们可以设计出更为自然、逼真的动效

- **阻尼动画**

运动元素在非匀速运动过程中所遵循的基本原理便是阻尼振动，主要来自于物体与不同的空间介质接触所带来的摩擦阻尼。摩擦阻尼，主要指由于摩擦阻力（包括介质黏滞阻力）的存在，使得振动系统的能量得到减损。通常情况下，阻尼振动表现为3种基本情况：临界阻尼、过阻尼、欠阻尼。

（1）临界阻尼。

临界阻尼是一种理想的运动状态，运动元素在移开平衡位置并释放后，能很快回到平衡位置并停下来。这一过程最易于令人接受并产生舒适感。

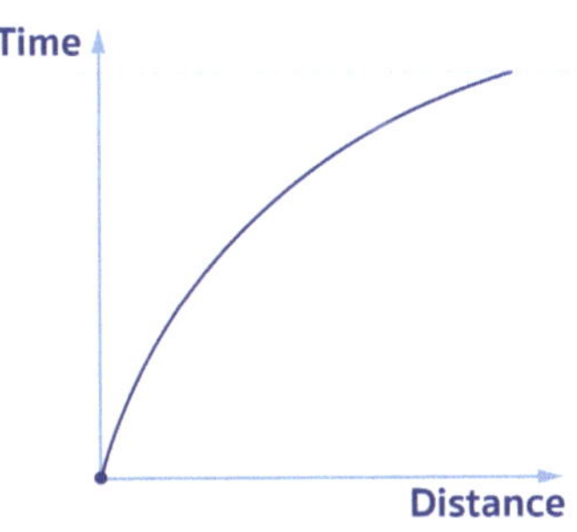

临界阻尼运动曲线

（2）过阻尼。

过阻尼通常表现为由于阻尼过大，进而在一定程度上阻碍物体的运动。运动元素在离开平衡位置后，便以一个非常慢的速度回到平衡位置并停下来。这种状态下会产生犹如被胶水黏住的效果，所以在设计“黏性动画”时经常会运用过阻尼状态。

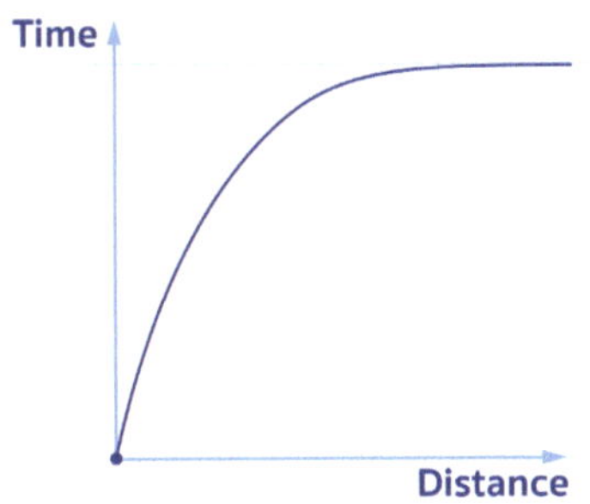

过阻尼运动曲线

（3）欠阻尼。

欠阻尼一般指由于阻尼不够而形成的振动效果。随着时间的变化，振动的幅度也会逐渐减小，最后完全停下来。这种状态在动效中一般运用在具有“弹性”的缓冲动画中，也称作“果冻效果”。

欠阻尼运动曲线

■ 运动模糊

在现实世界中，由于人眼的视觉暂留特性与移动环境的共同作用，当人们注视着一个正在运动的物体时，其成像往往是模糊的。光对视网膜所产生的视觉在光停止作用后，仍保留一段短暂的时间。物体在快速运动时，当人眼所看到的先前的影像消失后，人眼仍能继续保留其0.1~0.4秒左右的图像，此时，之后的图像已经“抢先一步”进入你的视野，由此便实现了静态画面的动态表现，就好像我们小时候玩过的跑马灯那样。

我们都知道，摄像机在拍摄画面时是以每秒24帧的速度进行工作的，它所拍摄下的每一帧内已经包含了1/24秒以内的所有视觉信息，包括物体的位移。如果在看录像时按下暂停键，我们所得到的并不一定是一幅清晰的静止画面，而更可能是一幅模糊的画面，这便是每秒容纳众多帧数的实际效果。因此，在移动产品的动效设计中，由于手机屏幕和性能的限制，每一帧都会是明确的静止画面，甚至在某些情况下为保证动画播放流畅，还会适当减少每秒的帧数。所以当运动元素大幅度地改变自己的位移时，由于人眼的视觉暂留特性，屏幕中就会同时出现多个运动元素。

此时，在动效设计中添加运动模糊效果不仅能增强快速移动场景的真实感，同时也使得动效表达更为流畅。

通常情况下，运动模糊效果的实现方法有很多。最简单的方法就是动效软件（如AE）提供的运动模糊功能，它可以帮助我们达到一个较为逼真的运动模糊效果。除此之外，还可以将当前帧与前一帧图片混合在一起来达到运动模糊的效果。

小球在从右往左的运动过程中，由于人眼的视觉暂留特性，会同时出现多个小球

给小球添加运动模糊效果后，不仅增强了小球快速移动的真实感，同时也使得动效表达更为流畅

2. 夸张

在动效设计中，我们有时还会运用“夸张现实”的手法来传达界面元素之间的关系。通过这一表现手法，能够突出某些细节以此强调某组关系，能更为清晰地呈现出设计师想要传达的信息，让用户更易于理解。此外，夸张的表现方式也会使用户界面更为有趣、更吸引人。

- **融球动效**

融球动效是趣味性极强，表现元素内容关系也十分明显的一种表现形式。一般运用于元素内容之间存在多种包含关系的功能展示，并结合夸张的融化流体效果让展示过程更加有趣和夺目。

常见融球动效的表现形式

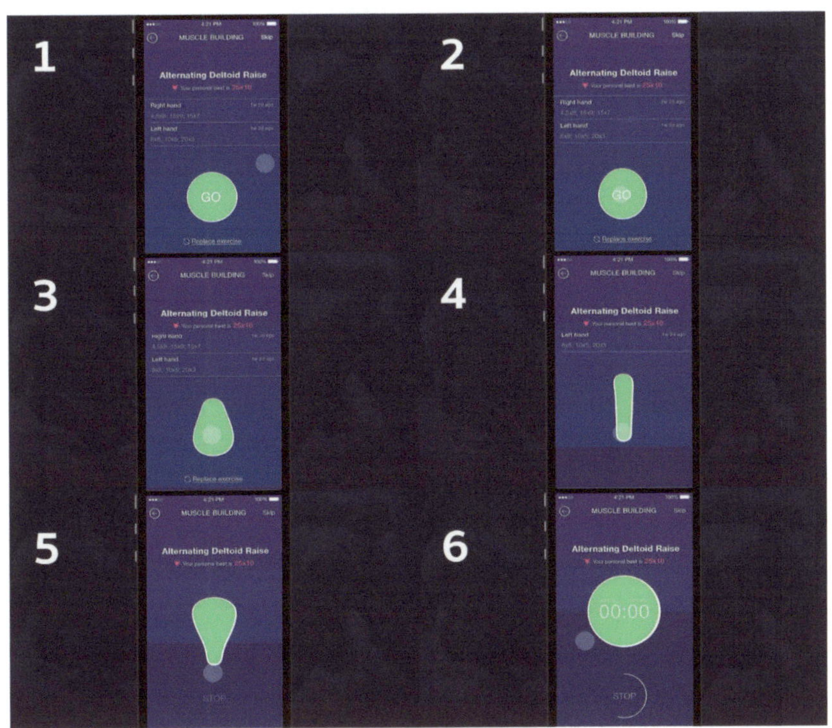

融球动效也可以用于表现两个关联紧密的界面元素之间的切换

- **出现与消失**

除了移动以外，用户界面中元素的出现和消失也经常会采用夸张的表现手法，强调了元素的“来龙去脉”，有助于用户清晰地理解“发生”了什么。

图中列表展开出现的方式运用了夸张的表现手法

3. 预备动作

预备动作一般指在动画开始之前，为用户提供适当的提示，令用户能够对接下来要发生的操作形成一个心理预判。预备动作能有效地帮助用户理解页面之间的关系，避免因突然跳转的界面导致用户产生跳脱感。

下图是菜单横向切换的一个动画效果。我们可以发现，在用户向左滑动的过程中，当前选中状态的蓝色圆形背景随着用户滑动的距离发生了一系列的变化。在用户产生向左滑动倾向的时候，蓝色圆形背景的形状就发生了向右运动的拉伸形变。这样很好地为菜单切换这一过程做好了预备，同时也告诉用户界面中左右滑动的操作与底部菜单之间的切换相对应。

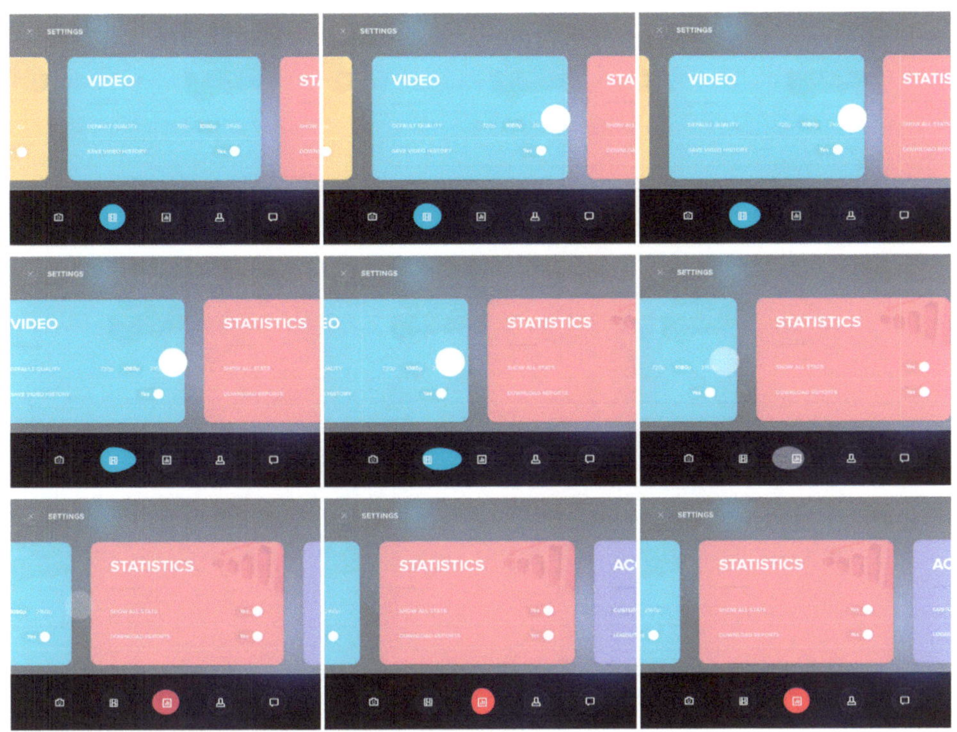

图中菜单横向切换的动画效果运用了预备动作的表现手法

4. 弧形运动

弧形运动相对于直线运动而言，表现的是一种不规则的动画效果。在界面中，弧形动画会更为活泼与生动，比简单的直线运动更富有动效魅力。

Mac OS X中最小化窗口使用了弧形运动效果，显得更加活泼

5. 第二动作

在现实世界中，当主物体发生运动时，与其关联的物体也会发生相应的跟随运动，我们也称其为“第二动作”。第二动作的目的主要是为了强化主动作的作用，突出主动作想要表达的功能意图。

iOS系统中对于图标的编辑就采用第二动作的表现手法。当我们拖动一个图标改变其位置时，其他图标也会做出相关的连锁反应。

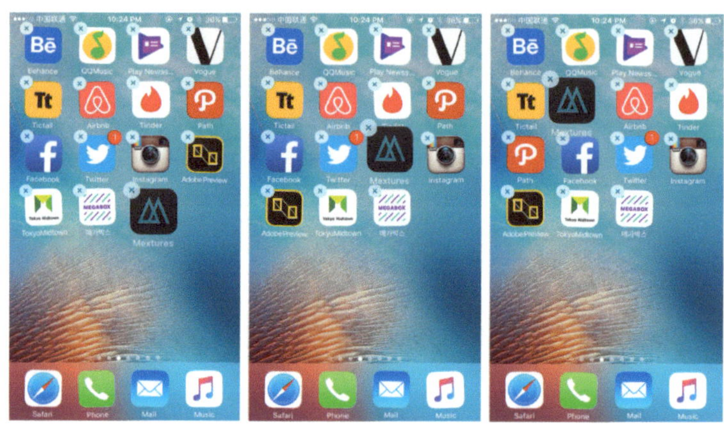

iOS系统中图标编辑的第二动作的表现手法

在很多菜单切换动效中，选中的icon会根据用户操作行为演示主动作，未选中的icon根据主动作做相应的配合。图中选中的icon变大，未选中的icon跟随选中的icon的动作缩小其间距，突出和强调“选中”这一操作的表现力度。

菜单切换动效

06

有“温度”的情感化设计

用户之所以会选择你的产品来使用，关键在于这款产品的功能满足了用户某种程度的“缺失”或者“需要”。正因如此，功能设计总是被我们视作产品设计中最重要的一环。然而，随着移动互联网行业的迅速发展，应用产品的基础功能也不再是稀缺的资源，甚至我们可以看到，大量同质产品的涌现反而使得产品间的竞争在功能层面难以拉开差距，我们这才转向不断去追求更好的用户体验，情感化设计由此而来。在情感层面提升用户体验，是将个人情感表达转化成产品情感体验的过程，虽然抽象、无形，却发挥着至关重要的作用，我们以此为本书的收束，谈谈产品设计的更高阶追求——情感化设计。

6.1 UI设计中的情感体验

6.1.1 情感化设计的特点与意义

1. 什么是情感

一般来说，所谓的情感，是人们对于外界事物作用在自身时所做出的一种生理反应，其中包含很多不同的心理状态和生理状态。事实上，每一种情感状态都烙印着不同的表现特征，进而由这些表现来决定我们的情感反应，对我们的行为方式也造成不同的影响。

构成某种情感反应，一般来源于我们感知外部事物的某种内在表征，是我们内心联想到过去某个事物或某种体验而形成的某种“共情”，其实并不源于那个事物或体验本身。也就是说，物体的属性（所谓的“设计”）会影响用户接受及其随后重现的意识信号，进而构成人与人之间天差地别的情感反应。

2. 什么是情感化设计

情感化设计，就是指有意识或无意识地触发某种情感反应的设计方法。通过不同类型情感状态的变化，能够吸引用户的注意，从而增强用户做出某种特定行为的可能性。

认知心理学家唐纳·德诺曼曾在《情感化设计》一书中从知觉心理学的角度揭示了人的3种认知特性的层次，即本能的、行为的、反思的，提出了情感和情绪对于我们决策日常生活的重要性。

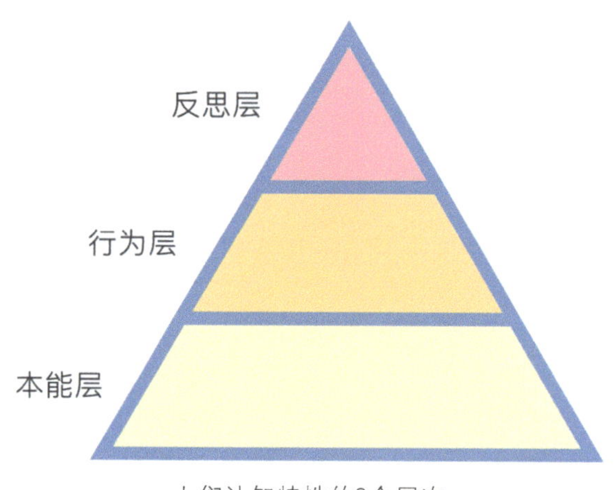

人们认知特性的3个层次

具体而言，这3个层次分别指涉了不同的认知表现。

本能层——外形。

行为层——使用的乐趣和效率。

反思层——自我形象、个人满意、记忆等。

▪ 本能层

人在某种程度上是视觉动物，用户对于一个产品外形的理解与体验也大多来源于本能。也就是说，符合本能设计水平的产品是“美”的，这种本能层面的“美”是一种感官欣赏和喜好追求。爱美之心人皆有之，谁都喜欢和欣赏“美”或者是“漂亮”的事物，它能给用户带来视觉、听觉或其他感官上美好的体验。所以，产品的设计越符合本能水平的思维，对于用户来说就越容易接受并且受到欢迎。

▪ 行为层

相比于本能层较为直观的外在审美诉求，行为层的表现则显得更为复杂和困难，这也是我们进行产品设计时关注最多的部分。尤其是许多以功能性为主导的应用产品中，效用和性能是影响用户评价和体验的关键因素。

一个行为水平设计良好的产品，一般要具有符合用户习惯、友好且熟悉的操作方式、能高效地解决目标需求、减少用户认知成本且易于学习和记忆等基本属性。这些因素不仅是行为层面需要解决和思考的问题，也关系到本能层（美观的界面）良好的第一印象能否得以延续。

简单来说，行为水平设计的重心应该是理解和满足用户的功能性需求，可以概括为4个方面：可用性、功能性、易懂性和物理感觉。

一些专业软件或者程序，如Photoshop，上手难度大，易用性低，具有一定的专业门槛，或多或少会造成难以被业余用户接受的状况。

Photoshop的启动界面

在QQ聊天场景中，如果用户需要发送图片，应用会自动弹出相册中最新的一张图片提示用户是否需要发送。这个例子很好地从行为层面观照到了产品的功能性和可用性，通过理解用户的需求场景并设计更为高效的操作方式，降低使用门槛，减少操作障碍，提升效率和满意度，令体验更为贴心。

QQ聊天页面

同样是QQ中另一人性化的小功能，对于很多“强迫症”用户而言，列表中用于提醒的红色小气泡或许常常令人比较困扰，当聊天对象增多的情况下，用户来不及逐一阅读，便会出现很多提醒小气泡。通常情况下，用户需要逐个点击进入聊天详情页再返回后才能消除提醒，且对于聊天对象中个别无关紧要的聊天信息，用户可能当下并不是有意愿点击进入，所以在这种情况下用户的操作会显得十分烦琐。优化改进后，用户无需点击进入聊天详情页就能直接删除提醒气泡，这样不仅减少了执行步骤，提升了操作效率，也满足了“强迫症”用户在情感层面上的需求。

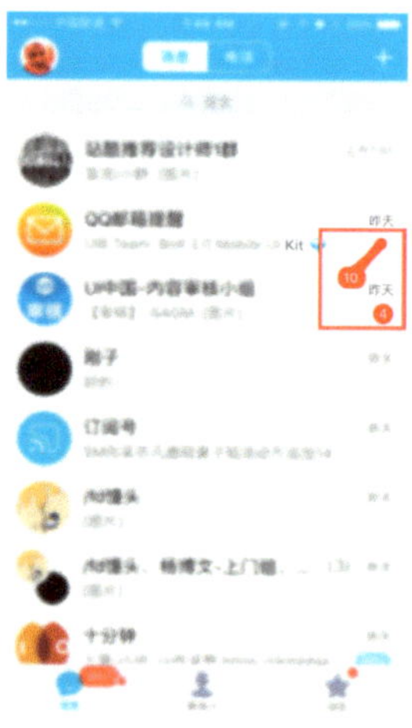

QQ聊天列表

- **反思层**

反思层的设计是情感化设计中最为重要也最难以操作的部分，因其与产品的意义和用户所处的文化环境、身份认同等因素有紧密联系，也更为注重在产品的使用价值之外的情感与意义的传递。

事实上，这一层次与目标用户的长期感受有关，意在建立品牌或彰显产品的内在价值。只有在产品/服务与用户之间建立起强有力的情感纽带，通过互动实现用户对自我形象、情感记忆的共鸣，才能形成对品牌的认知，并培养用户对品牌的忠诚度。

“品牌，不是简单性价比等外在属性的堆砌，而是情感的代表或载体”。

社交应用陌陌的品牌宣传系列海报——“不要”系列主题海报传达了陌陌的品牌情感价值取向

6.1.2 如何表达情感化设计

通过上一节所提到的3种不同层面的设计水平，我们可以进一步分析如何从这3个层面入手在设计中表达和体现情感化设计。

1. 产品形态的情感化——本能水平

产品形态一般是指产品的外观，包括形状、颜色及视觉风格等。如今用户对产品不仅会具有功能诉求，且有着更高的审美诉求。我们可以通过“本能”层次在产品的审美特性（视、听觉等感官特性）基础上，在产品形态上对用户产生审美吸引力。

漂亮的外观、精美的界面等视觉元素在提升产品形态外在魅力的同时，也通过审美特性激发用户的情感反应，让用户与产品构成一定的情感交流，提升用户对产品的满意度并触发与其接近的冲动。反之，形态无法令用户满意的产品则容易引发用户产生回避的冲动。

iOS应用AirPano Travel Book以漂亮精致的3D界面、酷炫明亮的动画，使用户感到眼前一亮

2. 操作体验的情感化——行为水平

操作体验的情感化设计，解决的是产品是否易于互动和使用的状况。通常情况下，一种产品易于理解和使用，能够为我们带来实用效益，用户在与其互动的过程中会建立起关联感和亲密感。如果结合审美特性，构思巧妙的操作方式会更易于传达出产品独特的个性，并为用户留下深刻的印象。

结合视觉与动效，通过巧妙的构思，让Loading这个操作与等待的过程变得有趣，传达出产品独特的个性，为用户留下深刻的印象

3. 产品特质的情感化——反思水平

产品特质的体现是基于用户与事物的长期关系如何影响自我形象和情感记忆的。如果产品能够传达出明确和一贯的个性，取得用户的信任，用户便会更易于与其进行长期的互动。反复的互动过程也会形成一种强有力的情感纽带，连接起产品/服务与用户这两端，从而影响满意度等主观因素，形成对产品特质的认知，即形成对品牌调性的认知。

对于产品特质情感化的设计，苹果公司在这方面做得较为成功。一直以来，苹果公司的产品留给人们的印象都是功能简单纯粹、设计简洁时尚，除了经典黑、白、灰色系的设计，苹果公司在一些设备配件上也加入了鲜明的色彩，制造反差，为人们营造出更时尚、更年轻之感。所以我们对于苹果公司产品的接受度也形成了我们对其品牌调性的认知，这与苹果公司的产品本身需要传达给我们的设计理念是一致的，这样就构成了苹果公司鲜明的品牌形象和定位。

除了经典的黑、白、灰色系的设计，苹果公司加入鲜明的色彩设计，营造出更时尚、年轻的品牌印象

6.2 情感化设计在UI设计中的运用

6.2.1 启动界面

当前许多应用会设计个性化的启动界面，如针对一些特殊日子，像是节气、节日或具有纪念意义的特定时段。这些具有特殊意义的启动界面，通过精美的插图画面结合相应的恰当的动效来传达品牌情感，从而唤起用户的共鸣，培养用户对目标产品品牌文化的认可度和忠诚度。

下图中QQ音乐的系列启动界面，通过对Logo形状的多样扩展与变形，配合与主题日有关的主色系，以此加深用户对品牌的认知。

QQ音乐的系列启动界面

下图中手机QQ的系列启动界面，在节日、周年日通过设计精美、富有文化内涵的插画来表现产品的品牌文化。

手机QQ的系列启动界面

以手机QQ情人节&元宵节的启动界面为例，我们可以看到如何通过创意插画的表现形式来突出品牌文化的情感设计。

在这一启动界面中，主要的视觉元素有3部分：文字标题、花灯、情侣。因为2016年的情人节与元宵节为同一天，所以在画面中需同时表现出这两个节日的相关元素。这张启动图的有意思之处在于标题：“聊一辈子吧”。“聊”代表了产品的功能特点——手机QQ是我们日常生活中最常用的聊天软件之一；“一辈子”寄托了对情侣的美好祝福。“聊一辈子吧”一言为情侣元宵节赏花灯提供了一个合理的场景画面。因而，我们在设计启动界面时，不仅要考虑与节日主题相匹配的要素，也要尽可能地无缝嵌入产品的功能属性，这样的情感化画面更易于令用户产生共情，并从中对产品所传达的品牌文化有更好的认知。

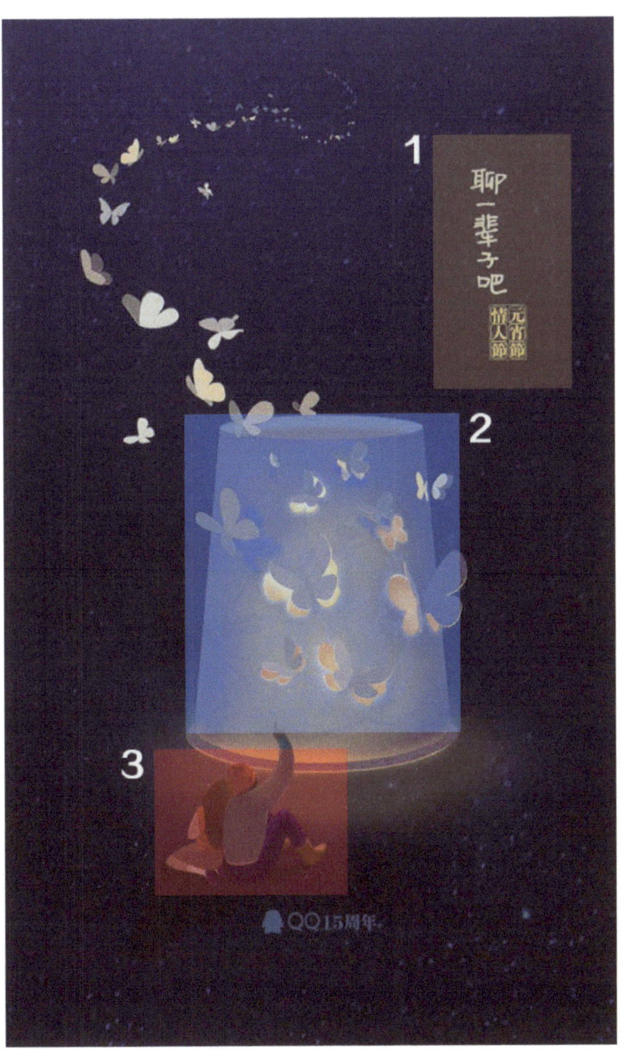

手机QQ“情人节&元宵节”的启动界面

下图中猫眼电影的系列启动界面，通过对品牌吉祥物的多种刻画，结合耳熟能详的电影台词，以此还原电影场景，塑造产品的品牌形象和定位。

猫眼电影的系列启动界面

6.2.2 主题皮肤

主题皮肤与启动界面的作用类似，设计的初衷一方面是纪念某些重要的节庆日，弘扬某种文化和人文情怀；另一方面，主题皮肤也可以使得界面做出一些有趣的视觉变化，增强产品的品牌影响力，重新读解品牌形象的内涵。

下图分别为美团应用圣诞节和七夕时设计的节日主题皮肤。一般而言，主题皮肤会针对应用首页进行一些有趣的视觉变化设计，常见的形式包括下拉刷新、主要功能入口icon、Tab栏icon等。设计师在设计的过程中，可以结合公司的品牌吉祥物进行有趣的创意表现，在突出节日氛围的同时，也能丰富品牌吉祥物的个性并提高其曝光率。icon也是我们最常见的表现元素之一，icon的设计相对于其他元素来说，设计成本较小，表现形式也非常多样，可以提取节日元素，也可以设计字体宣传Slogan等。

美团应用圣诞节和七夕时的主题皮肤

下图为支付宝应用为春节设计的节日活动主题皮肤。我们从中能够发现，主题皮肤中对于icon的创意表现元素十分丰富，设计师发挥的空间也较大。例如，图中支付宝为猴年春节设计的主题皮肤，充分地利用了“猴”的符号形象，采纳活泼可爱的视觉风格，很好地渲染出过年阖家欢的氛围，也凸显了产品与之对应的功能特点。

支付宝应用猴年春节期间的主题皮肤

6.2.3 其他场景

除了启动界面、主题皮肤等特定的情感化设计外，在应用界面中的视觉设计、动效设计等都在情感化设计的范畴之内。作为设计师，我们如果想要设计出具有情感表现力的产品，首先需要成为一个有爱、温暖、积极的人，热爱生活并感悟生活，善于观察和收集生活中微小而有趣的经历，只有这样，才能由我们缔造出更好的用户体验。

下图为美团应用缺省页的情感化设计。通常情况下，应用的缺省页由文字和图片构成，且在出现缺省页的场景中用户的情感反应是趋于“负向”的（因其操作无法达成或受到阻碍）。为了缓解这一尴尬的场景，我们通常会把缺省页做得比较有趣、活泼，并结合少量动效，以此来调适用户当下的情感。例如，美团应用中对于“无通知”缺省页的情感化设计，“通知”这一动作我们很容易联想到信封的符号形象，“无通知”说明信封里没有信件。于是在设计之初，我们结合公司吉祥物（小团）为其构想了一个简单的场景，小团躺在信封里，脸上带着得意的微笑，并且为此想了台词：除了我，空空如也。这样一来，场景就很清晰了，在执行阶段也能按照正确的方向开展下去。

美团应用中不同状态下的缺省页的情感化设计

下图为Google Doodle的情感化设计，不仅视觉效果美观，富有惊喜感，也因其寄托的情感与文化意涵，经常性地构成广泛的话题传播。

丰富多彩的Google Doodle情感化设计

www.ingramcontent.com/pod-product-compliance
Ingram Content Group UK Ltd.
Pitfield, Milton Keynes, MK11 3LW, UK
UKHW060406300726
14090UKWH00006B/467

* 9 7 8 7 1 1 5 4 5 3 4 1 9 *